August von Druffel

Heinrich IV. und seine Söhne

August von Druffel

Heinrich IV. und seine Söhne

ISBN/EAN: 9783955642860

Auflage: 1

Erscheinungsjahr: 2013

Erscheinungsort: Bremen, Deutschland

@ EHV-History in Access Verlag GmbH, Fahrenheitstr. 1, 28359 Bremen. Alle Rechte beim Verlag und bei den jeweiligen Lizenzgebern.

Kaiser Heinrich IV.

und

seine Söhne.

Von

Dr. August von Druffel.

Regensburg.
Verlag von Alfred Coppenrath.
1862.

Nachfolgende Abhandlung, die Einleitung zu einer Geschichte Heinrichs V., welche von mir unternommen ist, setzt es sich zur Aufgabe, das Verhältniss, in welchem die Söhne Heinrichs IV. zu ihrem Vater standen, zu erforschen. Grade hier hatten Stenzel und Floto — Giesebrechts Werk ist leider noch nicht so weit gediehen — noch einiges zu thun übrig gelassen. Besonders gilt dies von der eigenthümlichen Stellung, welche Conrad einnahm, bevor er als König von Italien auftrat; und auch die Heinrichs V. liess sich im Einzelnen schärfer fassen. Machte in manchen Punkten die Mangelhaftigkeit der Ueberlieferung sichere Kenntniss unmöglich, so habe ich mich begnügt, solche Lücken hervorzuheben.

Von den Excursen behandelt der erste das Verhältniss Heinrichs IV. zu den Gegenpäbsten; die beiden andern wollen einen Beitrag zur Quellenkritik liefern.

Schliesslich sei mir noch gestattet, der überaus fördernden Theilnahme zu gedenken, welche Herr Professor Waitz, mein hochverehrter Lehrer, sowohl allen meinen Studien, als auch insbesondere dieser Arbeit schenkte, wofür ich ihm zu stetem Danke verpflichtet bin.

In dem häufigen Aussterben des regierenden Geschlechts sieht man gewiss mit Recht einen Hauptgrund für den Verfall der deutschen Königsmacht im Mittelalter. Bei der alsdann eintretenden völlig freien Wahl konnten die Parteiinteressen einzelner Fürsten sich Geltung verschaffen; mehre Candidaten hofften wol auf königliche Würde; die, welche nicht an das Ziel ihrer Wünsche gelangten, liessen sich nur ungern und zurückhaltend herbei, den Gewählten anzuerkennen, wenn sie sich ihm nicht etwa gar feindlich gegenüber stellten. Eine ständige, stets ihr Ziel im Auge behaltende Politik des Königthums wurde vereitelt, wenn der Schwerpunkt desselben durch den Uebergang an ein anderes Geschlecht verrückt wurde; dem neuen Könige erstanden oft da erbitterte Gegner, wo das früher regierende Haus eine Stütze gesucht und gefunden hatte.

In ruhigen Zeiten mochte das Vorhandensein eines Königssohnes alle diese Bedenken zu beseitigen scheinen; denn, war zwar auch dann noch eine Wahl zum Nachfolger erforderlich, so bot doch die Einrichtung, dass diese, sowie die Weihe schon bei Lebzeiten des Vaters nicht bloss einen Anspruch auf die Nachfolge, sondern sogleich königlichen Namen, königliche Würde verlieh[1]), hinlängliche Garantie dage-

---

[1]) Vgl. Saxo Grammat. XIV. Ausg. von Müller u. Velschow p. 805: Filio Waldemari Canuto regios honores decernere placuit, qui *non solum paternae maiestatis futurus possessor*, sed etiam *praesens dignitatis socius* nosceretur, ut haberent proceres, ad cuius nomen titulumque decurrerent, si quid de regis capite fortuna variaret. Dass diese Auffassung sich auch auf deutsche Verhältnisse bezieht, ergibt sich aus der folgenden Anmerkung.

gen, dass nach dem Tode des Herrschers Fremde sich die Regierung aneigneten.

War die Staatsgewalt schwach geworden, so wurde es möglich, dass die Grossen des Reiches der Anerkennung des königlichen Kindes Schwierigkeiten in den Weg legten, dass sie nur gegen Zugeständnisse ihm ihre Stimme gaben; — zuerst unter Heinrich IV. tritt uns solches Beginnen entgegen.

Und waren die Bemühungen des Vaters mit Erfolg gekrönt, war wirklich die Wahl glücklich erreicht, so trat öfter zu Tage wie eben darin, dass gleichzeitig Vater und Sohn König waren, Gefahren lagen [1]). Wie dies unter Otto I. sich zeigte, wie später unter Friedrich II. hervortrat, hat sich das ganz besonders bei Heinrich IV. ergeben. Eigenthümliche Verhältnisse entstanden, die eine nähere Untersuchung und Darstellung verdienen.

Als Heinrich IV. nach einer längeren, vormundschaftlichen Regierung selbstständig die Herrschaft übernommen hatte, bedrohten so mannichfache Gefahren das deutsche Königthum, wie wohl noch nie zuvor. Gregor bestieg 1073 den päbstlichen Stuhl; und wenn dieser, kühn und grossartig, wie er war, an Ausführung seiner lang gehegten Pläne ging, konnten schwere Conflikte mit der Kirche nicht vermieden werden. Und keineswegs durfte der König hiebei auf eine starke

---

1) Interessant ist die Auffassung eines Ausländers, des Saxo Gramm. l. c.: (Waldemarus I.) regni maiestatem cum sanguine suo participare non damnum honoris sed claritatis incrementum putavit, primatumque voces ad regium nomen filio deferendum concionando perduxit. Einer der Grossen weigert sich dem zuzustimmen und: Apud Roskildiam Canuti (i. e. filii regis) miles solenni more fieri iussus, aliis imperio obtemperantibus, id facere recusavit. — Verum hunc imperii conceptum quaesitis callide rationibus protegere perstitit, praefatus se, extante eo, cui primam militiae fidem dederit, alius militem non futurum, nec adduci posse, ut pristinum obsequium recenti permutet, remque tam patriae consuetudini, quam honestati inimicam committat, quippe cum nemo Danorum dividuo famulatus officio teneri soleat, *solisque Saxonibus* hunc servitiorum morem stipendiorum cupiditas faciat.

Staatsgewalt zählen, denn der Aufstand der Sachsen hatte, auch in Deutschland tiefgreifende Gegensätze wachrufend, eine Ausdehnung gewonnen, die für die Einheit des Reichs und deren Träger unabsehbare Folgen haben konnte, ja die Erhaltung der Krone für Heinrich und sein Haus ernstlich in Frage stellte. Inmitten dieser Stürme, welche die hohe Frau sogar genöthigt hatten, im Kloster Hersfeld eine Zuflucht zu suchen, gebar die Königin Bertha am 12. Februar 1074 einen Sohn, der den Namen Conrad bekam und dessen Leben erhalten blieb, obgleich man anfangs fürchtete, dass schneller Tod ihn, wie schon ein früher geborenes Kind dahinraffen würde [1]).

Es musste für Heinrich IV. die Lage der Dinge nur eine Aufforderung sein, die Erhebung des Sohnes, mit der frühere mächtigere Herrscher nicht sehr geeilt hatten, möglichst schnell durchzusetzen; sein eigner Thron gewann an Festigkeit, hatten die Grossen des Reichs einmal feierlich erklärt, dass ausser ihm nur der Sohn ein Anrecht auf die Krone habe; so wurden die Bestrebungen derer, die ihn in seiner Würde angegriffen, am besten vereitelt.

Keine zwei Jahre waren seit der Geburt des Kindes vergangen, als der König schon dahin zielende Versuche machte; und wirklich gelang es ihm 1076 auf einem Fürstentage zu Goslar, den freilich nur wenige Grosse besucht hatten, einige von ihnen zu dem Schwure zu bewegen [2]), keinen andern, als Conrad wählen zu wollen. Die wirkliche Kur aber erreichte er nicht, und blieb so, wir dürfen gewiss annehmen, eben durch das Widerstreben der Fürsten genöthigt, auf halbem Wege stehen. Das folgende Jahr aber, in dem die Grossen, Heinrich selbst verwerfend, den Rudolf von Schwaben erho-

---

1) Lambert von Hersfeld. M. SS. V, 186, 206.
2) Lambert Hersf. SS. V, 241. Cumque eo (Goslariam) omnes regni principes evocasset — praeter ducem Boëmicum pauci admodum venerunt. Ab ipsis tamen qui venerant, iusiurandum exegit et accepit, ut non alium post eum, quam filium eius, tenerum adhuc infantulum regem sibi eligerent. Bernoldi Chron. ib. 431. Rex natalem Domini Goslariae celebravit, ibique quosdam iurare compulit, ut filium eius post ipsum eligerent ad regnum.

ben, zeigte genugsam, welch einen schweren Stoss die königliche Würde erlitten hatte; mehre Jahre hindurch musste Heinrich seine eigene Krone vertheidigen und konnte nicht mehr daran denken, auch seines Sohnes Haupt zu weihen, besonders da die Fürsten bei der Wahl Rudolfs gezeigt hatten, wie sie geneigt seien, fürder den Anspruch des Geschlechtes mehr zurückzudrängen und ihrem Wahlrechte grössere Bedeutung zu geben.

Erst als der Gegner sein Beginnen durch frühen Tod gebüsst hatte, konnte Heinrich wieder ernstlich darauf bedacht sein, die Erhebung Conrads zu erreichen. Er that es mit der offenbaren Absicht, auf diese Weise der Aufstellung eines neuen Gegenköniges zuvorzukommen. Die Sachsen forderte er, als sie noch die Waffen in den Händen hatten, auf, seinen Sohn zum Könige zu erwählen; er selbst wolle, falls sie sich bereit zeigten, auf die Herrschaft über das Sachsenland verzichten und schwören, dasselbe nie wieder zu betreten [1]). Allein sein Vorhaben schlug fehl; denn völlig waren die Bande, welche den König mit dem sächsischen Stamme verknüpft hatten, gelöst. Dies beweist die höhnende Antwort, die nach Brunos Bericht Otto von Nordheim dem Boten Heinrich IV. gegeben haben soll: »Oft habe ich gesehen, dass von einem schlechten Stier ein schlechtes Kalb abstammt; ich trage weder nach dem Vater noch nach dem Sohne Verlangen«.

Die Spaltung im Reiche dauerte fort; ein zweiter Gegenkönig wurde erhoben; erst, als auch dieser seine Macht verloren hatte [2]) und Conrad schon den ersten Knabenjahren

---

1) Bruno de bello Saxon. SS. V, 381. — misit ad Saxones legatos ut quandoquidem nollent esse sine rege, filium suum sibi facerent regem, seque illis iurare, quod numquam intraret terram Saxoniae. Wie die Sachsen auch wohl an die Möglichkeit dachten, mit Verwerfung des Vaters den Sohn anzuerkennen, ergibt sich aus Bruno c. 130. p. 384. — rogantes, ut Heinrico *filioque* eius excepto, quemlibet alium rectorem eligerent.

2) Nirgends freilich ist in den Quellen direkt von einer Wahl die Rede. Dass aber eine solche dennoch statt gefunden hat, ergibt sich aus Folgendem: Die Wahl Heinrich V. wird von den Schriftstellern gleichfalls nicht erwähnt, gleichwohl haben wir für dieselbe ein sicheres Zeugniss

entwachsen war, gelang es Heinrich IV. die Wahl desselben, wohl im Laufe des Jahres 1087, durchzusetzen. Um Weihnachten [1]) folgte die feierliche Weihe zu Achen [2]), die Erzbischof Sigwin vornahm, in Gegenwart der westfälischen und lothringischen Bischöfe, des Herzogs Magnus. von Sachsen, und des Markgrafen Gottfried von Antwerpen, der das jetzt erledigte Herzogthum Niederlothringen erhielt. Wol waren

in dem Briefe Heinrich IV. d'Achery spicilegium 2. ed. Bd. III. p. 441. »Qui in ipsa *electione* nobis iuravit Mogontiae«. In andern Berichten heisst es: Ann. Aquens. SS. XVI, 685.: Heinricus (V) unctus est in regem, Conrado fratre eius deposito. Eckehard SS. VI, 240.: (Imperator) filium suum iuniorem Heinricum regem fecit, roprobato maiore filio Chuonrado, quem prius coronavit. Vita Heinr. IV. cap. 7. SS. XII, 276. — transferrent potius electionem in minorem filium suum, quam iure maior amisisset. — imperator minorem filium invasore prius *ex decreto curiae* diiudicato, heredem regni sui constituit.

Es ergibt sich aus diesen Stellen, dass bei der Wahl Heinrich V. eine Absetzung Conrads durch die Fürsten statt fand, demnach dürfen wir annehmen, dass sie auch früher mitwirkten.

1) So nach der Urkunde Böhmer 1727, in welcher Conrad noch Herzog heisst. Vgl. Stenzel II, 289. Ficker macht Reichsfürstenstand Nr. 250. Bedenken gegen ihre Echtheit geltend wegen der Form; aber die Urkunde ist Acta SS. Mai 7. p. 33 aus dem Originale abgedruckt. 2. Band April steht das Siegel. Auf den Inhalt der Urkunde, die eine Unterschiebung des h. Petrus zu Rom dem zu Trier gegenüber, nach meiner Ansicht enthält, gehe ich nicht ein.

2) Die Weihe Conrads ist erwähnt: Ann. Aquens. l. c. 1087. Cunradus — Aquis unctus est in regem. Ann. S. Jacobi Leod. SS. XVI, 639. zu 1087.: Cunradus puer — Aquis sublimatur in regem. Ann. Saxo. SS. VI, 724. Conradus filius imperatoris a Sigewino Coloniensi archiepiscopo: consecratur in regem Aquisgrani. Ann. Col. max. SS. XVII, 744. Die Ann. Brunwil. SS. XVI, 725. zu 1083.

Völlig unbegründet ist, dass Diemer, Sitzungsberichte der Wiener Akademie XVIII, 209. annimmt, der Abt Hartmann von Götweih habe Conrad unterrichtet. Die Glaubwürdigkeit der Vita Altmanni cap. 41. SS. XII, 242.: Inter quos discipulos Heinrici regis filius claruit, qui ad episcopatum Spirensem electus fuit, unterliegt mannichfachen Bedenken, könnte sich aber keinenfalls auf Conrad beziehen, der nie erwählter Bischof von Speier war; dies Bisthum wurde 1075 und 1090 vakant; im ersteren Jahre war Conrad ein Jahr alt, im zweiten war er schon König. Schenkt man der Stelle überhaupt Glauben, so kann man sie nur etwa auf einen andern uns unbekannten Sohn Heinrich IV. beziehen.

damals noch manche der Grossen, die diesem Akte ihre Mitwirkung versagten; einmal geschehen, konnte er nicht leicht rückgängig gemacht werden.

Während so erst nach langer Zurückhaltung der Fürsten Conrad die deutsche Königswürde erlangt, sehen wir, dass jenseits der Alpen schon 1077 das Kind als Träger der lombardischen Krone in Aussicht genommen wird. Als nämlich zu den in Reggio versammelten Fürsten Italiens die Kunde kam, wie Heinrich IV. vor dem strengen Gregor zu Canossa christliche Busse geleistet hörten sie mit Erbitterung diese Botschaft der Versöhnung, beschlossen einmüthig, Heinrich zu verwerfen, weil er sich vor dem von lombardischen Bischöfen gebannten Pabste gedemüthigt, der königlichen Majestät ewige Schmach zugefügt habe; seinen jungen Sohn Conrad wollen sie zu Italiens Könige erheben; ihn soll ein neugewählter Pabst zu Rom auch mit der kaiserlichen Würde bekleiden [1]).

Obgleich, was man damals beabsichtigte, nicht ausgeführt wurde, so scheint es doch, als ob auch noch später eigenthümliche Beziehungen zwischen Conrad und Italien sich erhielten [2]). Er blieb daselbst zurück als der Vater nach Erreichung der kaiserlichen Krone sich der deutschen Heimath zuwandte [3]); und wieder gleich nach der Krönung zu Achen mitten im Winter ist er über die Alpen geeilt [4]); im Januar

---

1) Diese Nachricht steht bei Lambert von Hersfeld SS. V, 260. Adulta postremo seditione, una omnium voluntas, una sententia erat, (principum Italiae) ut abdicato patre, qui ultro regni fascibus indignum se effecisset, filium eius, licet impubem adhuc et regni negociis immaturum, regem sibi facerent, et cum eo Romam profecti, papam alium eligerent, per quem et ipse protinus imperator consecraretur, et omnia papae huius (Hildebrandi) apostatici gesta cassarentur.

2) Italienische Schriftsteller haben sich sogar zu der Annahme verleiten lassen, dass Conrad überhaupt nur König von Italien gewesen sei. Giulini, Memorie di Milano, ed. 1. IV, 238. vgl. ed. 2. VI, 71. Stenzel I, 535.

3) Ann. Iburgens. SS. XVI, 438.

4) Die Krönung fand erst unmittelbar vor Weihnachten statt. Die Urkunde Conrads bei Giulini ed. 1. IV, 533. Die Urkunde ist nach Giulinis Versicherung durchaus echt. Der Kaiser wird nicht darin er-

1088 sitzt er umgeben von italischen Bischöfen in Bergamo zu Gericht. Wahrscheinlich kehrte er auch in den folgenden Jahren nicht nach Deutschland zurück; 1092 führt er Krieg im Gebiete der Markgräfin Adelheid im Auftrage des Kaisers; dann 1093 unternimmt er es mit Hintansetzung der Autorität seines Vaters, aufgefordert von der grossen Gräfin Mathilde, sich als König zu erheben [1]).

Was Italien also schon vor 16 Jahren beabsichtigt hatte, im Gegensatze zu dem deutschen Könige Heinrich IV., ohne jedoch seinem Geschlechte untreu zu werden, wie die Sachsen, einen eignen Herrscher aufzustellen, jetzt ist es erreicht [2]). In Monza krönt denselben der Mailänder Erzbischof zum Könige von Italien [3]); Heinrich IV. gegenüber bilden die Städte Mailand, Lodi, Piacenza, Cremona eine Eidgenossenschaft auf 20 Jahre [4]); sie besetzen die Pässe, schliessen die Clausen der Alpen [5]); sie sowohl, wie die mächtige Gräfin Mathilde sind bereit, Conrads Königthum gegen einen etwaigen Angriff zu vertheidigen.

---

wähnt. Verletzer der Rechte, die Conrad festsetzt, sollen mille mancusos aureos, medictatem *regiae* camerae entrichten.

1) Bernold p. 454, 456. Der Kaiser war nicht nach Deutschland zurückgekehrt, wie die Vita Heinr. SS. XII, 276. sagt.

2) Stenzel I, 551. sagt nicht ganz richtig: »So war in *Deutschland* und Italien aus dem alten Kaiserhause selbst ein neuer Mittelpunkt gefunden«. Es ist hervorzuheben dass die Bewegung sich durchaus auf *Italien* beschränkt, sogar nicht auf Schwaben, das doch nahe lag, hinübergriff. Das Sperren der Alpen! Herzog Welfs Stellung beruht auch nur auf Italien. Merkwürdig ist die Auffassung des Honorius von Autun SS. X, 133. der Conrad den Gegenkönigen früherer Zeit gleichzustellen scheint: Roudolfus, Hermannus, Conradus tyranni extiterunt.

3) Landulfus iunior. Muratori SS. V, 471. (verdorbener Text): Fuit coronatus Modoëtiae. Bernold. l. c.

4) Hegel Italien. Städteverfassung II, 124. fasst diesen Bund nicht richtig, wenn er sagt, derselbe sei von den Städten mit Herzog Welf und der Mathilde abgeschlossen. Vor allem drückt doch die Stelle Bernold 456.: »Civitates quoque de Longobardia, Mediolanum, Cremona, Lauda, Placentia contra Heinricum in viginti annos coniuraverunt, qui omnes praedicto duci fideliter adhaeserunt« aus, dass die Städte *unter einander* ein Bündniss bilden.

5) Bernoldi chron.: »transitus etiam Alpium in Longobardiam quidam obtinuerunt«.

Allein, war auch noch der Gegensatz gegen Heinrich IV. ebenso vorhanden, wie einst 1077, die übrigen Verhältnisse in Italien hatten sich so geändert, dass jetzt die Bedeutung von Conrads Königthum in manchen und zwar den wesentlichsten Beziehungen grade die entgegengesetzte ist, als wenn er damals erhoben wäre. Früher lag die Opposition gegen Heinrich IV. erst in zweiter Linie und war nur durch die Meinung hervorgerufen, dieser habe sich rückhaltslos Gregor in die Arme geworfen; eben dem übermächtigen Pabstthume gegenüber sollte Conrad als Vertreter der weltlichen Gewalt aufgestellt werden. Anders 1093 [1]). Indem jetzt in ihm Italien für sich einen gewissen Mittelpunkt erhält, soll der Einfluss des Pabstes geschützt, der des deutschen Königes verdrängt werden. Urban II. kam nach Oberitalien; Conrad begegnete ihm in Cremona, leistete, so viel wir wissen, überhaupt zum ersten Male den Ehrendienst des Steigbügelhaltens, schwört dem Pabste einen Treueid, sein Leben und seine Herrschaft zu schützen; dieser verspricht dem Könige seinen Beistand zur Behauptung der königlichen, zur Erreichung der kaiserlichen Würde, jedoch unbeschadet der Rechte der römischen Kirche und der päbstlichen Dekrete, besonders derer über die Investitur. Ein enges Band wurde so zwischen Italiens neuem Könige und dem Pabste geknüpft [2]).

---

1) Merkwürdig ist die Auffassung Donizos SS. XII, 396. (Chonradus) se dominae largis Mathildis subdidit alis. Aehnlich die Vita Mathild. Muratori V, 395: Comitissae *adhaesit*.

2) Der Eid, welchen Conrad schwur, gleicht dem angeblich von Otto I. geleisteten. (Pertz LL. II, B. 29.): Nunquam vitam aut membra neque ipsum honorem, quem habes, mea voluntate aut consensu aut mea exhortatione perdes. Ueber die Vorgänge in Cremona berichten mit zum Theil wörtlicher Uebereinstimmung Bernold und der Cod. musei Britannici (von Wattenbach Deutschlands Geschichtsquellen 460, fragmentum de Conrado rege bezeichnet) SS. VIII, 474.

Bernold.	Codex Musei.
Chonradus rex filius Heinrici domno papae Urbano Cremonam venienti obviam* progreditur eique *stratoris officii* exhibuit IV. *Idus Aprilis. Deinde fecit* ei fidelitatem	Anno Domin. incarnat. 1095, ind. III, IV. *Idus Aprilis veniente domno papa Urbano Cremonam rex Chonradus* II. *obviam* procedens *stratoris officio* usus est. *Deinde* IV.

Vor allem Volke wurde dies verhandelt; jeder der zugegen war, musste den Eindruck empfangen, dass die Gewalten, welchen nach Auffassung der Zeit jeder unmittelbar von Gott ein Schwert anvertraut war [1]), hier nicht als zwei gleiche einander gegenüber standen.

Der Pabst spricht in einem Briefe an Ungarns König offen seine Freude darüber aus [2]), dass Heinrich IV. das Land, wodurch er am meisten dem römischen Stuhle zur Last gefallen sei, jetzt verloren habe. Und in der That war das Königthum Conrads kein Hinderniss für die Curie, die

---

iuramento *de vita de membris et de papatu Romano*.

Domnus autem *papa in filium* sanctae *Romanae aecclesiae* recepit illum, eique consilium et *adiutorium* ad *obtinendum regnum* et ad *coronam imperii adquirendam coram populo* firmissime promisit, *salva* quidem *iusticia illius aecclesiae et* statutis *apostolicis maxime de investituris* (a laico non usurpandis in spiritalibus officiis).

Kal. Maii *fecit* sacramento securitatem ei *de vita, de membris*, de captione *et de papatu Romano* et regalibus sancti Petri tam intra Romam quam extra acquirendis, tenendis et defendendis contra omnes homines bona fide sine fraude et malo ingenio. Tunc *papa* eum *in filium Romanae ecclesiae* assumpsit, et si rex ista, sicut promisit, servaret, *coram populo* pollicitus est eum *adiuvare* ad *acquirendum* et *tenendum* et defendendum *regnum*. Et quando ei Deus Romam pro corona venire concesserit, *coronam imperii* dare et eum in caeteris negotiis adiuvare ad honorem Dei ac sancti Petri et Romanae ecclesiae, *salva* scilicet *ipsius ecclesiae iusticia et* decretis *apostolicis maxime de investituris*.

Das Stück des Codex trägt viel mehr einen urkundlichen Charakter an sich, als Bernold. Es scheint an Ableitung des einen aus dem andern nicht gedacht werden zu können, darum werden beide auf ähnliche, wohl sehr authentische Vorlage sich zurückführen. Uebrigens ist Conrad der erste König, von dem wir nachweisen können, dass er den Steigbügel gehalten. Vgl. Stenzel I. 636.

1) Codex epistolaris Udalrici bei Eccard II. Nr. 144.
2) Jaffé Regesta Pontificum 4240. Henricum amisisse »per Dei misericordiam et iudicium principalem regni sui partem, per quam Romanae ecclesiae incubabat«.

auf alle Verhältnisse entscheidenden Einfluss übte. Ihm gelang es nicht, seine Macht irgend zur Geltung zu bringen; war er doch sogar genöthigt, einen vom Pabste vermittelten Ehebund mit der Tochter Rogers, jenes sicilischen Fürsten, der unter der Fahne des h. Petrus seine Herrschaft begründet hatte, wider Willen abzuschliessen [1]). Ebensowenig aber vermogte er auf die untergeordneten Kreise zu wirken; so gut wie unabhängig stand Mathilde [2]), stand das mächtige

---

1) Freilich sagt die Vita Mathild. bei Muratori V, 395. ebenso Donizo, dass Mathilde die Vermittlerin gewesen sei; gewiss stand sie dem Plane auch nicht fern; aber der Einfluss des Pabstes war das entscheidende. Gaufred von Malaterra Muratori V, 598. sagt: Apostolicus etiam litteras suas committit, ut sibi familiari et amico ad hoc idem dirigens ad concedendum hortatur; dicens sibi magno honori et proficuo futurum, si filia filio regis futuro sponso iungatur, ét iuvenis S. Romanae aecclesiae fidelitate adhaerens — viribus victus (auctus) ad debellandos inimicos. S. Dei ecclesiae praevaleret.

2) Die Markgräfin Mathilde nennt sich bekanntlich in den Urkunden. »Dei gratia, si quid sum«, zählt nicht die Regierungsjahre Conrads. Dagegen finden wir 2 Urkunden von ihr, die in den Jahren 1098 und 1100 ausgestellt sind und fast schliessen lassen, dass sie in der Zeit, als sie mit Conrad in gespanntem Verhältnisse stand, sei es nun Heinrich IV. sei es dessen Sohn Heinrich V. anerkannt habe. Doch ist der Abdruck der Urkunden im Ganzen wenig genau. Die eine Urkunde steht Muratori V, 579. auch bei Fiorentini Memorie della gran contessa Mathilde, 146. und lautet: regnante imperator Heinricus V. Steht in dieser die Zal »V« jedenfalls in Widerspruch mit »imperator«, so deutet die andere Urkunde, Fiorentini p. 169, mehr auf den Sohn, oder vielmehr sie setzt uns in die grösste Verlegenheit. In dieser merkwürdigen Urkunde, die dem Original entnommen ist, heisst es: ego Hugo nomine Domini regis anno dilectissimi Heinrici nostri III . . ., und der Herausgeber setzt hinzu, dass das Folgende mit Absicht zerstört sei. Es möge noch erwähnt werden, was Fiorentini 273. beibringt, dass auch wieder ein Verkehr zwischen Mathilde und Kaiser Heinrich stattgefunden hätte, ja sogar Heinrich mit seinem jüngern Sohne mit der Mathilde zusammengetroffen wäre. Alles dies ist jedoch sehr unwahrscheinlich, das letztere fast unmöglich.

Von Conrad selbst scheint nur eine Urkunde aus der Zeit, wo er regierte, erhalten zu sein, Muratori Ant. V. 244. und auch diese hat ein bedeutendes Bedenken gegen sich, wie Muratori richtig ausführt. Die Urkunde aus dem Jahre 1097 ist nämlich datirt: Anno regni Chonradi secundi regis XIV.: war weder zu dem Termin des deutschen, noch des

Mailand da [1]), im Süden machte Roger erhebliche Eroberungen [2]). Obgleich nun Conrad durchaus keine Natur war, die nach besonders stark entwickelter Herrschergewalt strebte, — die Zeitgenossen schildern ihn uns als sanft und ruhig, fast mehr für das Kloster; als den Thron geboren [3]) — das sah er doch ein, dass er nur den Schatten der Herrschaft besass [4]); es fehlte auch nicht an Versuchen, sich selbstständiger zu stellen, wie wir aus einigen Andeutungen schliessen können.

War ihm die Verbindung mit jener Tochter Rogers durchaus unerwünscht [5]), was half es, der Wille des Papstes musste ihm Befehl sein; Widerstreben war fruchtlos. Wir

---

italischen Königthums stimmt. Leicht wäre freilich IV. zu korrigiren, was allein möglich ist, da Chonrad in der Urkunde völlig als italischer König auftritt: »In nomine Sanctae et individuae Trinitatis Chounradus divina favente clementia rex *Italicus*«. Die Echtheit oder Unechtheit wird sich nur nach Einsicht des Originals entscheiden lassen; vorläufig dürfen wir der Urkunde nicht zu viel Gewicht beilegen.

1) Vielleicht kommt hier in Betracht, dass der Mailänder Erzbischof sich in einer Urkunde, deren Echtheit jedoch mannichfachen Bedenken unterliegt, wie Muratori Antiquitates V, 264. bemerkt, »Arnulfus *sola Dei miseratione* Mediolanensis ecclesiae archiepiscopus« nennt.

2) Roger nahm im Jahre 1098 Capua ein. Cf. Florentius Wigorn. M. SS. V, 564. Anonym. Cassin. Ann. zu 1097. Muratori SS. V, 59.

3) Eckehard VI, 211. Erat enim vir per omnia catholicus et apostolicae sedi subiectissimus, plus religioni quam fascibus vel armis deditus.

4) Nur selten wird ein »missus« Conrads erwähnt; in der schon angeführten Urkunde Murat. V, 267. heisst es: Rogerius qui dicor de Pessiano, notarius ac missus domni secundi Cunradi regis; in der Urkunde Daiberts von Pisa, Murat. III, 1101. »Marignanus notarius domni regis.« Merkwürdig, dass in jener Urkunde Arnulfs von Mailand auch missi des Kaisers auftreten: Heriprandus iudex ac missus, Albertus et Ambronius, qui et Paganus. Dann auch in der Urkunde Mur. III, 1103.: Sifredus notarius domni imperatoris, und: Flaipertus iudex et missus domni imperatoris.

5) Eckehard SS. VI, 211. sagt: »Coelibatus pudorem perpetualiter servare cum proposuisset, *coactus* tamen a suis filiam Ruotkeri — duxit uxorem.« Jener Vorsatz wird dieselbe Bedeutung haben, als wenn Eckeh. von Conrads Gattin später sagt: »Quae tamen turturina — secundos ultra detestabatur amplexus.« Donizo XII, 396 sagt: »pulcher iuvenis rubicundus ac prudens vere Siculam duxit mulierem«.

hören, dass er eine Zeitlang uneins war mit der Gräfin Mathilde[1]); aber bald söhnten sie sich wieder aus, und gewiss, nicht die Frau ist es gewesen, die den ersten Schritt hierzu that. Mochte er auch wünschen, auf die Bischöfe Einfluss zu üben, er durfte nicht wagen, ihnen zu befehlen oder gar Verfügung über Kirchengut zu treffen. Von dem Mailänder Chronisten Landulf wird ihm folgende Frage, die er an den Führer der Pataria gerichtet haben soll, in den Mund gelegt: „Was denkst du über die Bischöfe und Priester, die königliche Rechte inne haben und dennoch dem Könige keinen Unterhalt gewähren?" Zeigt das nicht hinlänglich, wie seine Lage war?[2])

Nachdem das Königthum Conrads zwar Alles erfüllt, was Urban II, was Mathilde hatte erreichen wollen, dagegen zu keiner selbstständigen Bedeutung gelangt war, konnte der 1102 eintretende frühe Tod des Königs eine irgend erhebliche Aenderung in der Lage der Dinge nicht hervorrufen. Kaum ist es glaublich, dass Gift, gereicht von dem Arzte der grossen Gräfin, seinen Tod veranlasste; er war fast eine zu unbedeutende Persöulichkeit, als dass man glauben sollte, jene habe zu solchen Mitteln gegriffen, ihn unschädlich zu machen[3]).

---

1) Donizo ruft, bevor er den Zwiespalt der Mathilde mit Conrad erzählt, seiner Feder zu, die Wahrheit zu schreiben! Wir dürfen ihm glauben, was er sagt, aber gewiss hat er manches verschwiegen. SS. XII, 397:
    Infra Chonradus Langobardos comitatus
    Dum staret, discors a Mathildi fuit ipso
    Tempore. Duravit modicum discordia talis.
    Nam petiit partes Tuscanas rex; ibi tandem
    Nobilibus quidam facientibus expulit iram;
    Ad pacem firmam rediit bene cum comitissa.

2) Landulf de S. Paulo bei Muratori SS. V, 472: »Rex ipse cum devotione inquit: Cum sis magister Patariorum; quid sentis de Pontificibus et Sacerdotibus regia iura possidentibus et Regi nulla alimenta praestantibus? Et presbyter ipse absque ullo raniore in beneplacito Dei et ipsius Regis respondit.

3) Nie werden wir hierüber ins Klare kommen, können nur behaupten, dass das Gerücht, Gift sei bei Conrad die Todesursache gewesen, schon damals sehr verbreitet war, und zwar nicht allein bei den Deut-

Als Conrad sich zum selbstständigen Herrscher Italiens aufgeworfen hatte, war der Kaiser nicht gleich entschlossen, wie er handeln sollte. Nach einem kurzen Versuche, sich des Sohnes zu bemächtigen [1]), blieb er, als derselbe wieder entkommen, so weit wir sehen, unthätig in der Gegend von Verona und scheint sich jeder Einwirkung auf Italien ent-

---

schen, die so gerne, wenn Jemand in Italien einem schnellen Tode erlag, gleich Gift witterten. Eckeh. Uraug. VI, 220.: sunt etiam, qui veneno eum dicant interisse. Mariani Scoti continuatio. SS. V, 562. Chron. Petersh. bei Mone, Quellensammlung zur badischen Landesgesch. I, 139. Landulf Muratori SS. V, 472. Rex ipse prudens atque sapiens et decorus specie, proh dolor! adolescens accepta potione ab Aviano medico Mathildis comitissae vitam finivit. Donizo XII, 397.

Post istam pacem febre tactus — Julius autem
mensis erat — moritur *magnus Chonradus*.

Bezeichnend ist, dass Eckehard meldet, Augenzeugen berichteten von Wundern, die an Conrads Leiche geschehen seien: Testari solent, qui aderant, in brachio corporis exanimi crucis signaculum subito exortum se vidisse, ipsasque eius exequias quibusdam miraculis honorificatas fuisse.

1) Vgl. Bernold zu 1093. Der Zug Heinrich IV. um seinen Sohn gefangen zu nehmen, ging bis nach Pavia, wo der Kaiser Urkunden ausstellt. Böhmer Reg. 1916 fg. vgl. Bernold zu 1095.: Heinricus autem rex dictus eo tempore in Longobardia morabatur, pene omni regia dignitate privatus. Stenzel kombinirt I, 354. die Nachricht Bernolds V, 461: »(Welefo) ipsum etiam Heinricum sibi in adiutorium ascivit contra domnam Mathildam, ut ipsam bona sua filio eius dare compelleret, quamvis nondum illum in maritali opere cognosceret; *unde diu frustra laboratum est*«, mit der Schilderung Donizo's XII, 395:

Tandem resilire putavit ut ante.
Civibus accitis secum Veronensibus, ivit
Vallavit castrum Nogarae forte vel amplum.

und meint dass diese Erhebung Heinrichs IV. im Jahre 1095 stattgefunden habe. Doch ist wohl zu bemerken, dass Donizo's Zeitrechnung in diesen Partien sehr verworren ist, wie er auch den Abfall der Gemahlin Heinrich IV. dem Conrads vorangehen lässt. Vgl. Floto, Kaiser Heinrich IV. und sein Zeitalter II, 366. Jedenfalls erwähnt Donizo den Abfall Conrads erst später p. 396. nach der Erzählung jenes Angriffs auf Nogara. Demnach muss es bedenklich erscheinen, die Combination Stenzels ohne weiteres anzunehmen, obgleich nichts entschieden dagegen spricht. Floto stimmt ihr nicht bei, sondern sagt S. 346: Damit — es war im Oktober 92 — hatten seine (Heinrichs) Waffenthaten so ziemlich ihr Ende erreicht.

halten zu haben ¹). Traurig, sagt Bernold von Schafthausen, begab er sich in ein Castell, verweilte hier ohne ein Zeichen königlicher Würde. Nur als Herzog Welf, erzürnt ob der Lösung der Ehe seines Sohnes mit der Mathilde nach Italien kam, um deren Güter dennoch zu erwerben, da soll es ihm gelungen sein, den Kaiser zu einer Begünstigung seiner Pläne zu veranlassen ²). Gegen den Sohn aber tritt dieser nicht auf; es wird von ihm kein Versuch gemacht, denselben zu beseitigen ³).

Conrad hatte sich seiner deutschen Aufgabe entschlagen, jenseits der Alpen sein Heil gesucht. An Heinrich IV. trat die Frage heran, ob er es in Bezug auf die Nachfolge in Deutschland bei der Vorsorge bewenden lassen solle, die er durch die Weihe eben jenes Sohnes getroffen hatte. Es musste fraglich sein, ob nach den Vorgängen in Italien die Fürsten die Legalität der Nachfolge Conrads in Deutschland anerkennen würden; Bedenken wegen der Abhängigkeit desselben vom Pabste, dann die oppositionelle Stellung gegen den Vater, liessen dies nicht einmal als wünschenswerth erscheinen.

Als Heinrich IV. im Jahre 1097 nach Deutschland zurückgekehrt war, zeigte er sich entschlossen, wo möglich den

---

1) Es scheint, dass Conrad nicht gleich sich so entschieden an den Pabst und Mathilde anschloss, wie im Jahre 1095 dies zu Cremona geschah, vielleicht anfangs eine selbstständigere Stellung einzunehmen suchte. Bernold wenigstens deutet dies zu 1095 an, V, 461: Nam filius eius Chonradus iam dudum in regem coronatus, se ab illo *penitus* separavit; et domnae Mathildi, reliquisque fidelibus sancti Petri firmiter coniunctus totum robur paterni exercitus in Langobardia obtinuit.

2) Bernold SS. V, 461.

3) Das Verhalten Heinrich IV., der nichts Bestimmtes gegen Conrad unternahm, machte auf Wilhelm von Malmesbury den Eindruck, als ob Heinrich mit der Erhebung Conrads zu Italiens Könige ganz einverstanden gewesen sei, »prior (filius Cunradus) nihil impium contra patrem ausus, subiugata Italia apud Aretium civitatem Tusciae dies expleverat«, und an einer andern Stelle sagt er: Parumque suscipiebant urbes Italiae Henrici (V.) dominium, servitio se putantes exutas post Conradi fratris eius interitum, qui *a patre relictus Langobardiae in regem* apud Aretium obierat diem. M. Germ. hist. SS. X, 475, 478. In der Ausgabe von Hardy II, 467, 655.

Conrad von der Nachfolge auszuschliessen und das deutsche Reich dem jüngeren Sohne Heinrich, der jetzt 16 Jahre alt war, zuzuwenden. Es galt, die Mitwirkung der Fürsten zu diesem Akte zu gewinnen, der damals eine Trennung Deutschlands und Italiens herbeizuführen bestimmt schien. Allein erst nachdem auf mehren Versammlungen die Angelegenheit zur Sprache gekommen war [1]), liessen sich diese herbei, den Wünschen des Kaisers zu willfahren. Es heisst, dass sie Bruderkrieg fürchteten [2]). Endlich im Laufe des Jahrs 1098 wurde Conrad, der abtrünnige Sohn, der deutschen Krone verlustig erklärt und in Mainz die Wahl des jungen Heinrich zum Könige vorgenommen; am 6. Januar des folgenden Jahres fand die feierliche Weihe zu Achen statt.

Darin, dass Heinrich diese Veränderung der Thronfolge durchsetzte, darf man nun aber keineswegs das Zeichen bedeutender Macht erblicken. Nur ein Theil der Fürsten hatte

---

1) Dass auf mehren Versammlungen mit den Fürsten berathen worden, sagt die Vita Heinrici IV. imperatoris. SS. XII, 276. Ebenso ersehen wir daraus, dass ein förmlicher Beschluss des Fürstenrath erfolgte über die Absetzung Conrads „ex decreto curiae diiudicato" vgl. de Seite 4 Anmerkung 2. gesammelten Stellen; es ist zu beachten wie Eckeh zwar die Thätigkeit des Vaters sehr bedeutend hervorhebt, aber doch auch bestimmt eine Wahl der Fürsten erwähnt. vgl. Eckh. VI, 231.: Henricus — primum a patre deinde ab universis Germaniae principibus *ian secundo* electus, regnare cepit. vgl. ferner Ann. Hild. III, 107.: Filius imperatoris Heynricus levatur in regem Aquisgrani, Counrado rege cum inimicis patris sui in Ytalia consistente et consentiente. Annal. Aquens SS. XVI, 685.: Heinricus filius Heinrici quarti imperatoris in epiphania Domini Aquis unctus est in regem *Counrado* fratre eius *deposito*. Ann. Pegav. XVI, 246. Heinricus imperator in epifania Domini Aquisgrani filium suum Heinricum quintum regem fecit. Ann. Corb. III, 7. Dass die Fürsten bei der Weihe dem jungen Könige einen Eid leisteten, scheint aus Eckeh. 228. sacramentorum tam filio quam patri factorum consideratio und Chron. S. Huberti Andag. SS. VIII, 629. — Omnes in commune eiusdem filii *sacramento fidelitatis* obligasset, hervorzugehen. Die Urkunde Lacomblet 254. muss zum folgenden Jahre gehören, obgleich alle Zeitangaben stimmen, wenn man nicht annehmen wollte, dass die Weihe 1098 stattgefunden habe, wozu kein Grund vorhanden. (vgl. übrigens die Urkunde der Mathilde Anmerk. 19.) vgl. Stenzel II, 300.

2) Vita Heinr.

seine Zustimmung gegeben¹), andere mussten nachträglich gewonnen werden. Unsere Kenntniss der Verhandlungen, die gepflogen sein mögen, ist lückenhaft; mit kurzen Worten meldet der Abt von Aura, Heinrich sei nach der Weihe des Sohnes nach Baiern gezogen und habe denen, welche vorher nicht zugegen gewesen, den jüngern Heinrich zum Könige empfohlen²). Aber nicht alle schlossen sich dem Kaiser an, manche stellten sich ihm keck gegenüber und Heinrich war so schwach, sie dann häufig noch mit Gütern zu beschenken. So empörten sich die Söhne des Herzogs Welf gegen ihn³); auf den Wunsch des Alten sichert einem von ihnen der Kaiser die Nachfolge im Herzogthume zu. Der Graf von Limburg hat dem Kloster Prüm einige Güter geraubt, wird durch einen Kriegszug zur Rückgabe genöthigt, und obgleich er

---

1 In der Urkunde, wodurch das Marienstift zu Achen nach Heinrichs Weihe beschenkt wird, sind nur die Bischöfe von Lüttich, Minden, Münster erwähnt. Allein auch die Erzbischöfe von Trier und Köln hingen noch am Kaiser. Von grossen weltlichen Fürsten war ihm damals fast nur Herzog Friedrich von Schwaben näher verbunden. Heinrich IV. erwähnt selbst dass die Erhebung Heinrichs grosse Opposition erfahren habe. Vgl. den Brief an den Abt Hugo von Clugny bei d'Achery spicilegium veterum scriptorum 2. ed. III, 440: Contra voluntatem multorum exaltavimus eum usque ad regni solium.

2) Post haec Baioariam tendens, eundem filium, quem regem constituit, his qui prius non affuerant, ut regem illum haberent, commendavit. Ekkeh. Recension A SS. VI, 210.

3) Wie unrecht Floto hat, wenn er II, 376 sagt „Welf kam mit seinem Sohne nach Schwaben, um fortan ebenso eifrig für Heinrich zu wirken, wie er seit 20 Jahren gegen ihn gestritten", ergibt sich nicht bloss aus der Empörung seiner Söhne, vgl. Bernold und Ann. August. III, 155., wo erwähnt ist, dass 1097 die Söhne Welfs den kaiserlich gesinnten Bischof Anto von Brixen gefangen genommen haben, dem er selbst gewiss nicht fern stand, sondern schon daraus, dass er sich, nach Schwaben zurückgekehrt, vielmehr bemüht, wenigstens im Jahre 1093 einen Gegenkönig zu erheben, (vgl. Bernold 452). 1095 ist er bemüht, Heinrich IV. Anerkennung zu erreichen, allein dies beweist nicht, dass er entschieden für ihn Partei genommen. Welfs erstes Streben war Macht; um diese zu erreichen wechselte er seine Stellung, so oft ihm ein Vortheil winkte. Seine Parteistellung war durchaus nicht entschieden, bald nachher macht er einen Kreuzzug, schenkt er dem Pabste sein Kloster. cf. Wirtemb. Urkundenbuch nro 251. von 1098, April 30. Diese Ur-

nach einigen Tagen zu offenem Hohne Heinrichs dies läugnete und aufs Neue verurtheilt werden musste,[1]) erhielt er wenige Monate später das Herzogthum Niederlothringen.[2])

Gewiss, das Verhalten des Kaisers solchen aufrührerischen, erwerbssüchtigen Fürsten gegenüber zeigt nur zu klar, wie er darauf denken musste, jede augenblickliche Gefahr zu beseitigen, da ihm die Kraft fehlte, nach allen Seiten hin sich gleichmässig zu behaupten. Dieselbe Unentschlossenheit tritt in der Politik zu Tage, die er dem römischen Stuhle gegenüber befolgte. Der Pabst Wibert, den er selbst aufgestellt, war gestorben; die Erhebung eines neuen Gegenpabstes ermangelte jeglicher Aussicht auf Erfolg, indem Paschal II. die allgemeinste Anerkennung fand.[3]) Dringend trat an Heinrich IV. die Nothwendigkeit heran, sein Verhältniss zur Curie zu ordnen, vom Banne gelöst zu werden. Auf den Rath der Fürsten wurde denn

---

kunde scheint mir nicht unbedingt zu den Capit. spuria zu gehören, denen sie Jaffé, Regesta Pontificum CCCCIV. zuzählt. Mag auch die jetzige Fassung gefälcht sein, für unseren Zweck genügt es, zu wissen, dass überhaupt eine derartige Urkunde damals ausgestellt ist, wie sich aus der Urkunde Paschals Wirt. Ub. Nro. 266, die noch im Original vorhanden ist, ergibt. Dort heisst es: „Is (Urbanus) siquidem vestram Alturfensem abbatiam a fundatore duce videlicet bone memorie Guelfone in ius apostolicae sedis accepit." Urban nennt in jener Urkunde den Welf: „dilectissimus filius noster."

1) Ueber die Verhandlung gegen den Grafen vgl. Beyer, Mittelrh. Urkundenbuch. Nro. 403. In Köln hatte er das Gut zurückgegeben, ohne dass jedoch eine Verzichtungsurkunde von seiner Seite ausgestellt worden; in Werth läugnete er die Rückgabe. Der Kriegszug wird erwähnt: Eckeh. VI, 219. Sigbert Gembl. VI, 368.

2) Um Weihnachten 1101 wird Heinrich Herzog von Niederlothringen. Ann. Hild. III. 107.

3) Die Annalen von Lobbes SS. IV, 21. sagen: „Clemens papa obiit, Paschalis successit." Paschal war in Wahrheit ja schon zu Lebzeiten des Wibert erhoben, weshalb dieser Satz der lothringischen Annalen zu besagen scheint, dass man dort eben nach Wiberts Tode den Paschal anerkannte. Vgl. Excurs. I, in dem der Nachweis versucht wird, dass Heinrich IV. nicht bei der Erhebung späterer Gegenpäbste betheiligt war.

auch eine grosse Versammlung um Weihnachten des Jahres 1100 nach Mainz berufen, und hier sollten — so verspricht Heinrich in dem Einladungsschreiben an den Abt von Tegernsee [1]) — bestimmte Entschlüsse in Bezug auf das Verhältniss zum römischen Stuhle gefasst werden. Zahlreich fanden sich die Grossen ein; ihr Rath war, der Kaiser möge Boten nach Rom senden, und den Pabst, welchen die Römer und alle Kirchen gewählt hätten, bestätigen — ein Ausdruck, unter dem wir wohl nur die Anerkennung Paschals verstehen dürfen. Eine Krankheit befiel den Kaiser; in ihr eine göttliche Prüfung erblickend, sieht er sich, wiederhergestellt, zwar veranlasst, eingezogenes Kirchengut herauszugeben,[2]) nicht aber mit dem Pabste sich zu versöhnen. — Am folgenden Weihnachtsfest fand wieder in Mainz ein Reichstag statt; neue Versprechungen werden von Heinrich gemacht, indem er verkündete, er wolle selbst nach Rom ziehen, damit dort auf einer allgemeinen Versammlung seine und des Pabstes Sache geprüft, die katholische Einheit hergestellt würde.[3]) Keine Aus-

---

1) Das Einladungsschreiben an den Abt von Tegernsee bei Pertz LL II, 60. Comperto nuper apud nos Domini apostolici (Clementis) obitu, principes qui nobiscum erant, consuluerunt, ut universis principibus curiam generalem in natali Domini apud Mogontiam indiceremus, quatenus eorum communi consilio Romana sedes ordinetur, et reformandae *unitatis ecclesiasticae*, quae longo iam tempore miserabiliter scissa est, ratio capiatur. Eckehard VI, 219. erwähnt, wie es scheint eben diese Fürstenversammlung, ohne jedoch über die Verhandlungen etwas mitzutheilen; dagegen sagen die Ann. Hild. III, 107. Consilium imperatori dederunt, ut Romam mitteret nuncios *propter unitatem ecclesiae* et papam *constitueret* secundum electionem Romanorum et omnium aecclesiarum. Mir scheint nicht zweifelhaft zu sein, dass unter diesen Worten Nichts anderes, als die Bestätigung Paschals verstanden werden kann; wenn man nur Boten nach Rom senden wollte, war an eine Absetzung Paschals nicht zu denken. Dann ist auch zu berücksichtigen, dass in den folgenden Jahren die Beschlüsse der Reichstage auch in diesem Sinne lauten.

2) Eine Krankheit ist erwähnt in der Urkunde 1101. März 26. Beyer Nro. 402.

3) Eckeh. VI, 223. meldet von diesem Reichstage: „Imperator Heinricus habito cum principibus colloquio, Romam se profecturum ac

führung folgte; ein unbedeutender Kampf in Lothringen nahm die ganze Thätigkeit des Kaisers in Anspruch. Fast scheint es als ob er gehofft habe, stets erneute Versprechungen seien das beste Mittel, die Entscheidung der schwebenden Fragen in immer weitere Ferne zu rücken.

Auch das Weihnachtsfest 1102 vereinigte um ihn eine grosse Zahl von Fürsten. Sogar ihm nahe stehende Männer, wie Friedrich von Schwaben,[1]) scheinen damals eingesehen zu haben, wie nothwendig es sei, auf Aussöhnung mit Rom zu sinnen. Und Heinrich IV. versprach am Feste der Erscheinung des Herrn in der St. Martinskirche zu Mainz, nachdem Bischof Emmehard von Würzburg die Messe gesungen hatte, er wolle nach dem gelobten Lande, nach Jerusalem ziehen, um des Heilands Grab zu besuchen.[2])

---

generale concilium circa Febr. Kalendas inibi convocaturum condixit, quatinus tam sua, quam domni apostolici causa canonice ventilata, catholica inter regnum et sacerdotium *confirmaretur unitas*, quae tot annis scissa permansit. Es ist zu beachten, mit welch ängstlicher Sorgfalt diese Zeichen des Entgegenkommens dem Pabste gegenüber in der Redaktion C., die Eckehard später auf Veranlassung Heinrichs V. schrieb, abgeschwächt sind; wie kann man etwas unbestimmter hinstellen, als mit den Worten: *tractare cepit, si fieri possit*, Romam etc.

1) Floto zählt II, 384. den Herzog Friedrich von Schwaben ohne Weiteres zu der „alten Generation", die treu dem Kaiser angehangen habe; indessen bemerkt Neugart Episcopatus Constantiensis II, 8. mit Recht, dass dies nicht entschieden sei. Ich glaube, dass die Urkunde Wirtembergisches Urkundenbuch Nro. 261, wohl dafür spricht, dass Friedrich einen Versuch gemacht hat, sich mit dem Pabste auszusöhnen; Lorch soll in gewisse Beziehungen treten zu Hirschau, Camberg und Zwifalten, also zu den Klöstern der Clugnyer Richtung. Dagegen darf man vielleicht aus der erst 1136 von Innocenz II. vollzogenen Bestätigung der Schenkung schliessen, dass die Aussöhnung damals nicht zu Stande kam, wenigstens findet sich Herzog Friedrich noch unter dem Gefolge des Kaisers. Vgl. Beyer Ub. Nro. 406.

2) Eckehard VI, 224. Ann. Hildesh. III, 107. mit dem geringen Unterschiede, dass ersterer den Bischof Emmehard von Würzburg im Namen des Kaisers den Zug ankündigen lässt, während letztere sagen, der Kaiser selbst habe während der Predigt des Bischofs seine Absicht an den Tag gelegt. In der Redaction C. schwächt Eckeh. die Sache wieder möglichst ab: „Imperatore Heinrico nativitatem Domini Mogontiae celebrante ac necessaria quaeque super regni statu cum prin-

Kein Zweifel, es war in jener Zeit wo die Idee des Kreuzzuges ohnehin in Aller Herzen lebte, das beste Mittel, sich die Sympathien des christlichen Abendlandes zu gewinnen, wenn er, der römische Kaiser, das weltliche Haupt der Christenheit, mit der Kirche versöhnt, seine Waffen gegen die Ungläubigen erhob. Aber es muss beanstandet werden, ob dies Versprechen des Kaisers ernstlich gemeint war; zeugt vielleicht für die Aufrichtigkeit seiner Gesinnung, dass er dem greisen Abte Hugo von Clugny[1]) von diesem seinem Vorhaben Mittheilung machte, so steht dieser Annahme das Wort der Hildesheimer Jahrbücher gegenüber: „So täuschte er die Fürsten."

Mochte Heinrich sein Versprechen halten wollen oder nicht, für den Augenblick war es von entschiedener Bedeutung. Mit grossem Jubel hörten Alle von der bevorstehenden Fahrt nach Jerusalem.[2]) Manche rüsteten sich, den Kaiser zu begleiten. Wir dürfen wol glauben, dass es diesem eben nur unter dem Eindrucke jener Verheissung gelang, die Aussöhnung mit den Sachsen, welche bisher in feindlicher Stellung verharrt hatten,[3]) zu bewerkstelligen

---

cipibus tractante, *subito rumor forte divulgatur*, imperatorem Heinrico filio suo rerum summam dimissurum, seque sepulchrum Domini visitando pro peccatis suis Christo satisfacturum.

1) Der Brief an den Abt bei Achery, spicil. 2. Ausg. III, 443.
2) Eckeh. S. 225. Doch ist zu beachten, dass Eckeh. dieselben Worte „indeque favorem non modicum ab omnibus, qui hoc audierant, acquisivit" auch S. 262. anwendet, wo ihnen jedenfalls keine grosse Bedeutung zukömmt. Ann. Hildesh. III, 107.: „Sicque optimates regni decipiebat."
3) Ann. August. III, 135. Die Wiedergewinnung der Sachsen scheint durch Nachgiebigkeit von Seiten des Kaisers erreicht zu sein; hatte er doch schon früher Conrad dem Sohne Ottos von Nordheim Friesland gegeben. Ein völlig falsches Bild von der Stellung Heinrich IV. in diesen Jahren gewinnt man aus Floto. II. cap. 23., der die Ereignisse in willkürlicher Weise zusammengruppirt. Er sagt in einem Athem: „Die Klöster Hirschau, St. Blasien, Schaffhausen u. a. hatten, *wie man sieht*, keinen Einfluss mehr. Das Mönchthum *erhob* sich in dieser ganzen Zeit gewaltig." Auf welche Zeit sich aber der Satz S. 378. „Heinrich hatte in Deutschland endlich vollkommene Macht" bezieht, ist nicht recht ersichtlich; vermuthlich doch auf die Zeit,

und zugleich einen Landfrieden auf vier Jahre aufzurichten, den er selbst mit den Bischöfen durch feierlichen Handschlag gelobte, den sein Sohn und die weltlichen Fürsten mit einem Eide bekräftigten.[1]) Dann aber wurde auch mit Zustimmung der Grossen von Heinrich IV. bestimmt, dass sein Sohn die Reichsregierung erhalten solle.

Wir sehen, mit Versprechungen nach allen Seiten geizt Heinrich nicht im Mindesten. Aber er konnte sich bald der Erkenntniss nicht verschliessen, dass es hiebei nicht sein Bewenden haben könne.[2]) Schon im Jahre 1102 zu Ostern gab der Pabst aller Welt zu erkennen, wie er die Gelöbnisse Heinrichs für Nichts achte. Eine grosse Zahl von Bischöfen und Priestern, von Christen aller Zungen hatte die heilige Woche in Rom versammelt. Da am Gründonnerstage in der Laterankirche sprach Paschal aufs Neue den Bann über den unglücklichen Heinrich aus, weil

---

nachdem der Bannfluch Paschals, der gerade vorher erwähnt ist, harmlos erloschen. Dann hören wir S. 382. von den Unruhen, die Heinrich den Gedanken an einen Kreuzzug vergehen machten, und dann cap. 25. von den Segnungen des Landfriedens eine schöne Schilderung nach der Vita Heinr. zu erhalten. Alle diese Dinge folgen aber nicht aufeinander, sondern geschehen gleichzeitig.

1) Pertz LL. II, 60. vgl. die bei Kluckhohn, der Gottesfriede, 82. Anmerkung citirten Stellen. Wenn dieser aber S. 83 hervorhebt, dass der in Constanz vom Bischofe angeordnete Friede sich bis Pfingsten erstreckt, also an die heiligen Zeiten angeschlossen habe, so hätte ihn dies nicht bedenklich machen sollen, diese Einigung als Landfrieden in Anspruch zu nehmen, da dieses Anschliessen an die heiligen Zeiten auch bei den Landfrieden ganz gewöhnlich ist. So der Landfriede zu Mainz 1103: Usque ad pentecosten et inde per quatuor annos," die Friedenseinigung der Allamannischen Fürsten: „Firmissimam pacem — se observaturos a 7. Kal. Decembris usque in pascha et a pascha in duos annos curaverunt." Bernold SS. V, 437.

2) Die Ernennung des Bamberger Bischofs wurde selbst von dem Pabste nicht rückgängig zu machen versucht. Vgl. Vita Ottonis von Herbord SS. XII, 753. wozu gegen die Anmerkung Köpke's, der den Brief Paschals erst in das Jahr 1105 setzt, Ussermann episcop. Bamberg. p. 55. zu vergleichen ist, der, mir scheint mit Recht, den Brief Paschals zu 1103 setzt. Ueber die Vertreibung Gebhards von Konstanz vgl. Jaffé Regesta Pont. 4418. Casus S. Galli SS. II, 160.

er die Kirche durch Raub und Brand zu verwüsten, durch Verschwendung, Meineid und Mord zu beflecken nicht aufhöre.[1]) Und nicht bloss mit geistlichen Waffen suchte der Pabst den Kaiser zu bekämpfen, auch sehr weltliche setzte er gegen ihn in Bewegung, indem er den Grafen Robert von Flandern zu offenem Widerstand gegen den Kaiser bewog.[2])

Auch die deutschen Fürsten waren nicht gemeint, zu den häufigen Reichsversammlungen, die doch kein Resultat hatten, stets geduldig sich einzufinden; durch den Aufenthalt bei Hofe finanziell erschöpft, traten sie dem Kaiser misstrauisch entgegen.[3]) Anderes kam hinzu, das auch in weiteren Kreisen die Erbitterung gegen ihn steigerte.

Des beschworenen Landfriedens achtete Niemand[4]); ganz Sachsen wurde durch eine Fehde der dortigen Fürsten gegen Udo von der Nordmark verwüstet. Ja man meinte nicht einmal, Heinrich IV. selbst hielte den Frieden; auf seinen Befehl glaubte man, sei der 1104 ermordete Sohn

---

1) Quia tunicam Christi scindere id est aecclesiam rapinis et incendiis devastare, luxuriis, periuriis et homicidiis commaculare, non cessavit, primo a beatae memoriae Gregorio papa, deinde a sanctissimo viro Urbano predecessore meo propter suam inoboedientiam excommunicatus est atque condempnatus; nos quoque in proxima synodo nostra iudicio totius aecclesiae perpetuo eum anathemati tradidimus. Es ist hervorzuheben, wie die persönlichen Fehler Heinrichs als Grund des Bannes angegeben werden. Vgl. Eckeh. VI, 224., der selbst zugegen war. Waitz Vorrede zu Eckeh. S. 8.

2) Jaffé Reg. Pontificum. 4432. Das Antwortschreiben der Lütticher Kirche, wol von Alger verfasst, im Codex epistolaris Udalrici Babenbergensis bei Eccard corp. histor. II, 234. Ann. Elnonenses maiores SS. V, 14. Gesta episcop. Cameracensium SS. VIII, 515.

3) Ueber die Schilderungen der Vita Heinr. vgl. Excurs III. Ann. Hildesh. III, 107. Cumque principes ad eius curiam saepe convenirent, nihil de re publica agebant, praeter quod sua ibi consummarent; *propterea secum ficta fide versabantur, et adversus eum conspirabant.*

4) Ann. Rosenveldenses SS. XVI, 192.: Patria ab utraque parte nimio incendio vastatur.

Ottos von Nordheim, Conrad, gefallen.¹) Und als im Winter desselben Jahres der Kaiser zu Regensburg Hof hielt und dort Graf Sieghard, der, angeblich aus Besorgniss vor ihm, mit einer grossen Zahl von Mannen gekommen war, wegen eines ungerechten Richterspruches über Reichsministerialen von diesen, im Vereine mit Regensburger Bürgern getödtet worden war, der Richter von seinen Untergebenen unter den Augen des Kaisers, da schob man diesem die Schuld an dem Tode des Grafen zu, ja, während schon vorher die baierischen Fürsten sich in gewisser Opposition zu Heinrich befanden, über den Kaiser geklagt hatten, jetzt ging man so weit, eine Zeitlang Heinrich IV. an der Entfernung aus der Stadt zu hindern.²)

---

1) Nicht undeutlich gibt dies Eckehard zu verstehen, S. 225.: Interimitur, ingentem relinquens nobilibus regni suspitionem, dum ab infimis in summos tanta scelera presumuntur. Vgl. übrigens Ann. Palidenses SS. XVI, 249.

2) Eckeh. sagt: De quo scelere supersedemus plura referre praesertim cum adhuc ultiones caeteraque mala sequentia versentur in oculis, et quem sint finem habituri nequeamus scire. Ann. Hildesh. III, 107.: Unde orta est maxima persecutio imperatori a cognatis illius et cunctis principibus regni; quia si vellet ei subvenire, nequaquam esset interfectus.

Ueber die Ursachen der Ermordung des Grafen völlig ins Reine zu kommen, ist schwierig. So viel ist klar, dass der Graf gegen den Kaiser anfänglich Misstrauen hegte, nachher aber dennoch seine Mannschaft entliess. Also werden diejenigen, welche ihn erschlugen, keinenfalls seine eigenen Leute gewesen sein. Ob es ein Urtheil über Ministerialen von Klöstern war, das diese in Wuth versetzt, ist unklar; freilich war Sieghard Vogt von Ramshof und Michelbeuern. Vgl. M. Boica III, 288. Stenzel weist auf das Gesetz über die Rechte der Vögte hin, das eben auf dem Reichstage gegeben worden ist, welches sich hauptsächlich auf Klostervögte bezieht, wie aus „Werigelda *fratrum* sunt" und den Ausdruck „praelati aecclesiae", der auch eher auf Aebte als auf Bischöfe passt, geschlossen werden kann. M. LL. II, 62. Vgl. Ficker Reichsfürstenstand 195. Floto behauptet, dass „Sieghard nach allen Berichten als Vorsitzer im Pfalzgericht die herkömmlichen und anerkannten Rechte der Ministerialen zu beugen gesucht habe". Mir erscheint auffallend, dass während der Kaiser zugegen ist, der Pfalzgraf ein so ungerechtes Urtheil fällen sollte, wo doch das Richten daselbst eigentlich Sache des Kaisers gewesen wäre. Die Ann. August. III, 136. sagen dum ministris ius a senioribus antiquitus concessum denegare et demere

Die Hinrichtung des Grafen — es ist erlaubt, den Ausdruck zu gebrauchen, indem Sieghard nicht etwa bei einem plötzlichen Wuthausbruche der Ministerialen erschlagen wurde; sondern als man ihn nach mehrstündiger Belagerung in seiner Wohnung gefangen genommen, da liess man ihm ruhig Zeit zu beichten und das Abendmahl zu empfangen,[1] dann erst fiel sein Haupt — ist für uns von ganz besonderer Bedeutung, weil bei dieser Gelegenheit zuerst eine entgegengesetzte Haltung des Vaters und des Sohnes zu Tage tritt.

Die Quellen, an sich dürftig, theilweise mit grösserem Interesse den Kreuzzügen, als der unerfreulichen Entwicklung der deutschen Dinge folgend, wenden, wie wir fast erwarten können, ihre Aufmerksamkeit wenig auf den jungen König Heinrich V., und so haben wir über dessen Stellung nur lückenhafte Nachrichten. Aber soviel scheint sich zu ergeben, dass sein Rang im Reiche ein geringerer war, als ihn sonst gekrönte Königssöhne einzunehmen pflegten. Wir hören von einem Eide, den er bei der Wahl seinem Vater leistete, den er auf die Reichskleinodien bei der Weihe wiederholen musste, wie es heisst, *als Mann seinem Herrn,*

---

vellet. Ann. Hild. III, 107.: Quoddam iudicium super clientes iniuste indicavit. Otto Frising. bei Urstisius I, 143.: A familia principum, qui ministeriales dicuntur, eo quod iustitiam eorum infringere diceretur. Ann. Rosenv. XVI, 102. a militibus regis occisus est. Nur die letzte Stelle spricht für Reichsministerialen; bei der Ermordung mögen sich Dienstleute des Reiches und der Fürsten vereinigt haben.

Der Beiname von Burghausen findet sich ebenso wie der von Schalla nur in spätern Codices. Vgl. Cod. Patav. M. Boic. XXIX, 2, 313. Meiller Reg. Babenb. 47. Anmerkg. 413. Cod. II. der Ann. Reichersp. XVII, 450. C. S. Emmerami der Ann. Ratisp. XVII, 585. Der Todestag des Grafen war der 5. Februar vgl. Carajan Verbrüderungsbuch von St. Peter. Wattenbach SS. XVII, p. 585 gibt unrichtig den Weihnachtstag, vgl. Jaffé ibid. p. 335. Der Kaiser blieb noch den ganzen Februar in Regensburg; die Ann. Hildesh. l. c. behaupten, dass man seiner Entfernung Hindernisse in den Weg legte. Dass er bis Ende Februar in Regensburg blieb, zeigt Urkunde vom 27. Februar. Urkundenbuch des Landes ob der Enns II. p. 167.

1) Eckeh. VI, 225.: Ipse, prius confessione facta, sumpto etiam dominici sacramenti viatico, capite truncatus occubuit.

des Inhalts, er verspreche dem Vater Leben und Sicherheit der Person nicht anzutasten, und bei dessen Lebzeiten sich weder in die Regierungsgeschäfte, noch in die Besitzungen desselben einzumischen.¹) Und wenn wir zwar Heinrich V.

---

1) Der Brief Heinrich IV. bei Sigbert VI, 370. sagt, Heinrich V. habe geschworen *ut miles domino*. Der Inhalt des Eides in dem Briefe an Hugo von Clugny Achery spicil. 2. ed. III, 441.: Juravit Mogontiae vitam et salutem personae nostrae; et quod de regno et omni honore nostro et de omnibus, quae habebamus, vel habituri eramus, nullomodo se intromitteret me vivente contra voluntatem et praeceptum nostrum. Idem quoque super Crucem et Dominicum clavum cum lancea coram omnibus principibus nobis iuravit, cum inthronizatus fuisset Aquis. Cod. Udalr. 215. Brief Heinrich IV. postpositis omnibus sacramentis quibus se nobis obligaverat.

Aehnlich die Vita Heinrici XII, 277. a quo — iusiurandum accepit, videlicet ne umquam se vel de regno vel de praediis patris eo vivente, nisi forte ex consensu ipsius intromitteret. Die Stellung Heinrich V. scheint wirklich eine niedrigere gewesen zu sein, als sonst üblich. Die Eidesleistung war ungewöhnlich. Ficker Vom Heerschilde S. 32 hebt hervor, freilich mehr mit Rücksicht auf spätere Zeiten, dass der gekrönte Sohn seinem Vater nicht zur Mannschaft verpflichtet gewesen. Hiefür spricht vielleicht auch, dass in dem Briefwechsel Conrad III. mit seinem Sohne Heinrich dieser den Vater freilich dominus nennt, (M. LL. II, 85. si ut patrem nos diligis, si vereris ut dominum 86. de statu vero domini et patris nostri.) dagegen Conrad vielleicht eben desshalb ganz besonders betont, wie das Kind von ihm abhänge, weil an sich die Stellung nicht so scharf bestimmt war. Bei Heinrich V. findet nun ohne Zweifel ein Mannschaftsverhältniss statt; dass dies mit ein Grund für den Abfall gewesen, lässt sich vielleicht aus den Worten schliessen, die die Vita den Fürsten, welche ihn zur Erhebung zu bewegen suchten, in den Mund legt, „nihil eum a servo differre" und Eckeh. red. C. p. 226. „non contentus palatio paterno." Dies eigenthümliche Verhältniss scheint auch der Grund zu sein, dass Heinrich V. den Landfrieden 1103 beschwört, und nicht wie sein Vater, bloss gelobt. Pertz LL. II, 60.: Anno ab incarnatione Domini 1103 Heinricus imperator Mogontiae pacem *sua manu firmavit* et instituit, et archiepiscopi et episcopi propriis manibus firmaverunt. *Filius regis iuravit* et primates totius regni, duces, marchiones, comites et alii quam multi. Der Sachsenspiegel III, 54. sagt: Sin gelobede sal her (der König) tun vor den eid da *man vride sweret*. Der Sohn Friedrichs I. beschwört nicht den Frieden mit den Lombarden, vielmehr ist dort gesagt: Fridericus Dei gratia Romanorum imperator et semper augustus et filius eius rex Heinricus iurare debent per se aut per aliam personam, cui nominatim parabolam freilich bald nach der Krönung, von seinem Vater getrennt in Sachsen umherziehen,¹) ihn, auf dem Zuge gegen den Limburger Heinrich wehrhaft gemacht,²) im folgenden Jahre die fränkische Burg Gleiberg belagern sehen,³) so scheint doch seine Thätigkeit im Hofgericht, wo er nicht als Vorsitzender fungirt, sondern mit dem Utrechter Bischof und dem Pfalzgrafen bei Rhein und Andern ein Urtheil findet,⁴) dann, dass er den Landfrieden 1103, obgleich geweihter König, nicht mit der Hand gelobt, sondern wie die übrigen weltlichen Fürsten beschwören muss, darauf hinzuweisen, dass jener wahrscheinlich ungewöhnliche Lehenseid wirkliche Folgen für seine rechtliche Stellung hatte.

Begreiflich, dass er aus diesem Verhältnisse herauszutreten wünschte, besonders, da ihm sein Vater die Reichsregierung versprach, indem er 1103 die Zusicherung machte, dass er selbst abdanken wolle. Musste dies im Herzen des Sohnes nicht weitgehende Wünsche, bestimmte Hoffnungen rege machen, die der Kaiser dann doch nicht zu erfüllen gedachte?

---

dabit. LL. II, 173. Auch der Sohn Friedrich II. Heinrich schwört, wenn möglich, nicht selbst. vgl. Böhmer Reg. Heinr. VII. Nro. 263. Doch vgl. Anmerkg. 4.

1) Cod. Udalr. Nro. 183. vgl. Floto, II, 388.
2) Ann. Saxo VI, 738.
3) Ibid. VI, 734.
4) Beyer 403. Ich möchte auch bezweifeln, dass gekrönte Könige sonst mit übrigen Fürsten zusammen als Urtheilfinder bestellt werden. Uebrigens wird Heinrich V. öfter in den Urkunden seines Vaters erwähnt. Beyer 402. ob remedium — filii nostri dilectissimi Heinrici quinti regis. Ib. 403. Stiftung eines Jahrgedächtniss desselben in der Abtei Prüm. Wirtemberg. Urkbuch. 262. schenkt der Kaiser an Speyer ein Gut pro nostra et nostri dilectissimi Heinrici salute. Nur in einer Urkunde sehen wir Heinrich V. selbstständig auftreten (Lacomblet 261) dürfen aber derselben nicht trauen, da alle Jahreszahlen nicht stimmen. Wolters Cod. dipl. Lossensis schreibt dieselbe aus mir unbekannten Gründen ohne Weiteres Heinrich IV. zu; dieser wird in der Urkunde gar nicht erwähnt, dagegen ist sie im Namen des Erzkanzlers ausgefertigt. Man könnte geneigt sein, sie in die Zeit nach 1106 zu setzen, doch dürfte Heinrich von Limburg nicht in einer königlichen Urkunde als Herzog erwähnt werden können, nachdem er 1106 sein Herzogthum verloren hatte.

Heinrich V. zeigte sich nicht gewillt, dies länger zu ertragen; er strebte weiter.

In Regensburg, wie erwähnt, zeigte sich dies zuerst. Während nämlich Heinrich IV. es ruhig geschehen liess, dass man den Grafen Sieghard belagerte, eilte sein Sohn herbei, ihn zu retten; man glaubte nicht, dass er damit im Sinne des Vaters gehandelt habe.[1)]

Dies Ereigniss hatte weitgreifende Folgen; durch jenes, wenn auch erfolglose Auftreten Heinrich des Jüngeren knüpften sich, so scheint es, enge Bande mit den bairischen Grossen, die ihn, als er später als Herrscher auftrat, freudig aufnahmen, ihn wohl vielleicht zu diesem Schritte vorher angereizt haben.

Wie sich die Beziehungen des jungen Königs zu dem Vater in der Zwischenzeit gestalteten, können wir nicht genauer verfolgen; unentschlossen, schwankend blieb des Kaisers Politik wie bisher. Gegen Ende 1104 stürzte er die Verhältnisse des Magdeburger Bisthums in unheilvolle Verwirrung; obgleich nämlich dort schon seit zwei Jahren der wie es heisst von Klerus und Volk erwählte[2)] Heinrich den Bischofsstuhl inne hatte, unternahm es der Kaiser den Probst Hartwig zum Bischofe zu ernennen; ihn berief er zu

---

1) Das Auftreten des Sohnes bei dem Sturme gegen den Grafen Sieghard, scheint mir entschieden zu bezeugen, dass derselbe eine selbstständige Politik in dieser Sache befolgte, besonders da Eckeh. auf die bedeutenden Folgen des Ereignisses aufmerksam macht. Denn dass der Kaiser nicht während des sechsstündigen Angriffs gegen den Grafen, der zudem nicht etwa während des Sturmes erschlagen wurde, sondern, nachdem man ihm Zeit gelassen, zu beichten und die Wegzehrung zu empfangen, hingerichtet wurde, hätte eingreifen können, wird Niemand glauben, Stenzel I, 583. macht ganz mit Recht auf den Zusammenhang aufmerksam. Die Nachricht der Ann. Ottenb. SS. V, 9. zu 1104: Discordia inter imperatorem filiumque eius facta est; comes Sighehardus occiditur. wage ich nicht weiter zu verwenden.

2) Ann. Magdeb. XVI, 180. zu 1102. Hartwigus — obiit —; huic successit Heinricus eodem anno electus a clero et a populo. Jedoch ist zu bemerken, dass dieser Heinrich erst 1105 geweiht wurde. Annal. Saxo VI, 740. Eckeh. 227.

sich nach Lüttich, wo er Hof hielt, um ihm die Temporalien zu verleihen; aber Graf Dietrich von Katlenburg nahm den Hartwig sammt dem Magdeburger Burggrafen Hermann, der ihn gen Lüttich begleitete, gefangen.[1])

Als dieser Akt offener Feindseligkeit bekannt geworden, sammelte Heinrich ein Heer und machte sich auf, den kühnen Dietrich zu bestrafen;[2]) aber auch die Sachsen hatten wohl die Absicht, dem Kaiser ernstlich gegenüber zu treten.

Völlig vereitelt wurde der Feldzug, denn als in Fritzlar gerastet wurde, entfernte sich heimlich bei Nacht — es war der 12. December — der Sohn, begann in Baiern selbstständig zu regieren.[3])

Ueber die Motive, welche etwa den jungen König zu solchem Beginnen veranlassten, sind die verschiedensten Ansichten, wie schon damals, so auch von Neueren ausgesprochen worden; wenige bestimmte Nachrichten sind vorhanden. Die Einen haben den Jüngling als das Opfer niedriger Intriguen hingestellt, den ganzen Vorgang für

---

1) Ann. Hild. 107.

2) Eckehard erzählt gar nichts von dem Zuge Heinrich IV. gegen Sachsen. Dieses melden Ann. Hild. und Annal. Saxo.

3) Der Ort der Trennung Ann. Hild. Annal. Saxo: Sed cum in Frideslare consedissent, orta est dissentio inter eum et filium, was mit der heimlichen Entfernung nicht übereinstimmt. Die Gegend ist auch von den Ann. S. Dysib. XVII, 19. und Annal. Rosenv. XVI, 102., denen hier wegen der wörtlichen Uebereinstimmung wohl die Ann. S. Albani zu Grunde liegen, bezeichnet: Voluit autem Heinricus senior Saxoniam hostili manu invadere propter quosdam katholicos; quod minime perficere potuit, quia filius eum detestebatur, quemadmodnm et cuncti fideles, quoniam excommunicatus denunciabatur a tribus apostolicae sedis praesulibus, Gregorio scilicet, Urbano et Paschali. In ipsa vero expeditione, quia Saxoniam moliebatur intrare, filius quadam nocte de exercitu eius cum parcis aufugit. Auch Ann. Saxo in theilweise wörtlicher Uebereinstimmung. Damberger VII, 483. lässt den Markgrafen Leopold von Oesterreich noch 11. Nov. 1101 mit dem Schwerte umgürtet werden, um nach Jerusalem den Kaiser zu begleiten. Doch war der Gedanke an einen Kreuzzug schon aufgegeben; ausserdem benützt er sorglos eine Hanthalersche Fälschung. Vgl. Kritikheft.

eine Revolution der Fürsten erklärt, die um ihren Verbrechen gegen das deutsche Königthum die Krone aufzusetzen, Nichts Besseres zu thun wussten, als inmitten der königlichen Familie den Samen der Zwietracht zu streuen. Aber wenn auch, wie in der Natur der Sache begründet, Heinrich V. sich in gewissem Einvernehmen mit manchen Fürsten befand, wenn diese wohl gar auf seinen Entschluss einwirkten,[1]) vielleicht gar an ein Einverständniss mit den Sachsen[2]) gedacht werden kann, so ist es völlig verkehrt, die Grossen etwa allein verantwortlich zu machen. Dagegen spricht die doch in mancher Beziehung selbstständige Stellung, die der junge König von Anfang an auch ihnen gegenüber einnimmt.[3]) Ebensowenig aber darf man den

---

1) Ueber die Vita Heinrici vgl. Excurs III. Eckehard gibt an, die Verwandten Sieghards und Graf Otto von Habsberg (vgl. Waitz SS. VI. 739. Anm. 49.) hätten die Entfernung des Sohnes unterstützt, Ann. Hild. III, 106. lassen sie demselben in Baiern entgegenkommen, „comperto discidio." Die Ansicht Flotos II, 390., dass der unter den Begleitern Heinrich V. genannte Herrmann ein Winzenburg sei, ist vielleicht richtig, keinenfalls aber unzweifelhaft, desshalb hätte er lieber die weitgehenden Combinationen, die mit dieser Ansicht stehen und fallen, unterlassen sollen. Vgl. Stenzel I, 175. Anm. 14. Einige Fürsten haben jedenfalls bei der Flucht mitgewirkt, dies dürfen wir der Vita glauben; vgl. Landulf de S. Paolo. Muratori V, 485.: Memor sum suggestionis principum quae tunc suggessit Henrico deiicere Henricum patrem suum, regem et imperatorem dominum. Ille quidem abhorrendo simoniam in patre patrem oppressit. Bisher ganz ausser Acht gelassen ist die Nachricht des Sigbert Gembl. VI. 371.: Dux Heinricus, qui ab imperatore ad filium eius animo transiens eum contra patrem suum consilio suo armavit; was freilich schwer zu glauben ist, da Heinrich später eifriger Anhänger des Kaisers ist. Die übrigen Stellen der Schriftsteller, worin die Erhebung Heinrich V. gemeldet wird, sind: Ann. Rosenv. XVI, 102. Henricus, Henrici filius, cepit regnare cum patre. Ann. S. Dysibodi XVII, 19. Henricus, filius Henrici imperatoris cepit regnare vivente patre. Florentius Wigorn. V, 565. zu 1106.: Facta est nimis execrabilis contentio inter imperatorem et filium eius.

2) Annal. Saxo. An ein Verständniss mit den Sachsen denkt Floto.

3) Im Gegensatze zu Floto, der besonders die Fürsten als Anstifter des Aufstandes bezeichnet II, 388 fg., hebt Arnold, Geschichte der deutschen Freistädte I, 189. gewiss mit Recht hervor: „Wenn

Pabst als Urheber dieses Ereignisses hinstellen, indem dies in keiner Weise in den Quellen begründet ist. Der Wahrheit wird man nur bei Berücksichtigung aller massgebenden Verhältnisse nahe kommen. Es ist doch wahrscheinlich, dass Heinrich V. einsah, wie des Vaters Politik weder dem Pabste noch den Fürsten gegenüber konsequent, ja nicht einmal aufrichtig war, wie das Reich dadurch an den Rand schwerer Gefahren gerieth. Dann aber muss in Anschlag gebracht werden, wie die Stellung Heinrich V. bisher gewesen war, wie er sich wohl sehnte aus ihr herauszutreten, endlich, dass Heinrich V., indem er die Zügel der Regierung ergriff, nichts anderes that, als dass er sich aneignete, was ihm noch im Vorjahre der Vater freiwillig zu geben versprochen hatte.

Alles dies zusammen genommen, so dürfen wir vermuthen, brachte in dem jungen Könige den Entschluss zur Reife. —

Sogleich erreichte er grosse Erfolge. In den baierischen Landen wurde er freudig aufgenommen; auch Schwaben fiel ihm wohl theilweise zu; ohne irgend Widerstand zu finden, konnte er in Regensburg Weihnachten feiern.[1])

---

man glaubt, Heinrich habe nur als Verführter in jugendlicher Leidenschaft gehandelt, so weiss ich nicht, wie man dies mit seinem Wesen, das stets etwas Berechnetes und Kaltes hat, vereinigen will." Er betont auch sehr entschieden, wohl etwas zu sehr das politische Motiv der Erhebung Heinrichs, wenn er sagt: „Heinrich V. musste einsehen, dass sein Vater eine Versöhnung mit der Kirche nicht mehr herstellen *könne* und dass bei längerer Dauer die Macht der Krone vernichtet werde. Darum brachte er die *Kindespflicht dem Reiche und der Dynastie* zum Opfer und stiess den eigenen Vater vom Throne, um schnell mit dem Pabste Frieden zu schliessen und dann vor Allem wieder eine starke Reichsgewalt zu begründen." Es scheint vielmehr, dass Heinrich V. aus egoistischen Gründen handelte, als dass er von heroischem Pflichtgefühl gegen das Reich getragen wurde. Uebrigens ist Arnolds Ansicht schon bei Berlepsch Filius periurus S. 46 ausgesprochen: illum (patrem) — exuere regia dignitate — erat promtissimus, quum videret unanimes in id papam et principes, quorum voluntati obediendum erat non amicitiae obsequiique causa, sed regni retinendi gratia *in augusta familia*.

1) Vita Heinr. XII, 248.: Ilico Bavariam, Sueviam, Saxoniam per-

Noch aber bildete für sein unbehindertes Auftreten ein Hinderniss, dass er nicht von dem Eide, welchen er seinem Vater geschworen hatte, gelöst war. Schnell ging er ans Werk sich von demselben absolviren zu lassen, zu welchem Zweke eine Verbindung angeknüpft wurde mit dem Bischofe Gebhard von Constanz, dem päbstlichen Legaten, dann auch mit Paschalis selbst. Im Januar 1105 gingen Boten Heinrich V. nach Rom, um den Pabst wegen des Eides zu befragen.[1])

Es geschah, was er gewünscht; ohne Bedenken versprach ihm Paschal Verzeihung im zukünftigen Gerichte, wenn er nur selbst ein gerechter König und Lenker der Kirche Gottes sein wolle, die durch seines Vaters Nachlässigkeit in mancherlei Wirrniss gerathen.

Auf diese Weise beruhigt, ging Heinrich daran, weiter seine Macht geltend zu machen, überhaupt wo er konnte, seine Anerkennung als König zu erreichen.

Zuerst zog er nach Sachsen, begleitet von dem päbstlichen Legaten, der hoffen mochte, nun ein reiches Feld für seine Thätigkeit zu finden. Freudig kamen die Fürsten des Sachsenlandes Heinrich V. entgegen; zwei Briefe, die davon Kunde geben, sind uns in der Sammlung des Udal-

---

currit. Die Ann. Rosenv. XVI, 102.: Ille Sueviam petens, a legato Romano, scilicet Gebhardo Constantiensi episcopo de excommunicatione est absolutus, et matris ecclesie gremio restitutus. Inibi ergo ecclesiasticis rebus satis prudenter ordinatis — Bavariam adiit. Doch ist zu bemerken, dass zu einer Ordnung der geistlichen Dinge in Schwaben kaum Zeit blieb, da der König schon Weihnachten in Regensburg war.

1) Ann. Hildesh. Eckeh. VI, 227.: Apostolicae sedis legato debitam profitetur obedientiam. Durchaus ungerechtfertigt ist, wenn man annimmt, der König wäre in irgend engere, vielleicht gar abhängige Beziehungen zur Curie getreten. Die Mittheilung der Ann. Hild. über die Botschaft des Pabstes gleicht den sonst üblichen Anreden bei der Thronbesteigung eines neuen Königs, so der Rudhards im Jahre 1106. Vgl. die Rede Aribo's bei Wipo. c. 3. Vgl. unten.

Es ist vielleicht zu beachten, dass Heinrich V. nur um Annullirung des dem Vater geleisteten Eides bat, dass der Pabst ihn aber vom Banne lossprach. Ann. Hild. und Ann. Rosenv. 102.: De *excommunicacione* est absolutus.

rich von Bamberg erhalten.[1]) Der eine ist eine Einladung der Grafen von Sommerschenburg, Ballenstädt und Katlenburg an einen Anhänger des Königs, Berengar von Sulzbach, mit ihnen zu einer Besprechung zusammen zu treffen; in dem anderen, mit jenem zugleich abgesandten Schreiben, das an den jungen Heinrich selbst gerichtet ist, bitten die beiden erstgenannten Grafen nebst einem dritten, dessen Name unbekannt, er möge doch selbst zu ihnen kommen, da die Einkünfte der Bisthümer und Abteien reichlichen Unterhalt gewähren würden.

Hätten wir nicht diese Briefe, so würden wir nur sehr wenig über die Stellung Heinrich V. zu den weltlichen Grossen der Sachsen wissen. Eckehard theilt nur mit, dass sie ihn mit königlichen Ehren aufnahmen, nachdem, wie wir aus dem sächsischen Annalisten erfahren, in Quedlinburg Berengar von Sulzbach und Dieppold von Vohburg ihnen im Namen des Königs alle Treue und Gerechtigkeit versprochen hatten,[2]) wenn sie ihre Unterstützung dazu leihen wollten, dass er sein Königthum behaupte; worauf diese ihm Treue und Dienste gelobten und ihn einluden, bei ihnen das Osterfest zu feiern.

Weit bedeutender tritt uns in den Schriftstellern die Thätigkeit Heinrich V. in Bezug auf die kirchlichen Dinge, sein Verhalten zu den geistlichen Fürsten entgegen. Der ganze Zug durch Sachsen gewinnt dadurch einen gewissen kirchlichen Charakter.[3])

---

1) Codex epistolaris Udalrici bei Eccard Corpus historicum II. nro 224, 225. Floto II, 391. spricht von einer Botschaft Berengars an die Sachsen, die nicht berichtet ist, übersieht, dass der zweite Brief an Stelle des comes D. einen comes L. erwähnt.

2) Ann. Saxo VI, 739.: Marchio Dieppoldus, comes Beringerus de Sulzbach a rege directi, omnem fidem et omnem iusticiam promittente per eos, si ei de regno obtinendo assensum preberent. Denique ex communi consensu regi fidem et servicium per eos demandaverunt. Eckeh. 227.: — et optimatibus est dignitate regia satis honoratus.

3) Den Zug durch Sachsen schildern die Ann. Hild. und Eckehard. Ich nenne auch den Ann. Saxo, da es mir gewiss scheint, dass dieser nicht die Hildesheimer Annalen in ihrer jetzigen Gestalt benützte,

In dem Gefolge, das Heinrich V. mit sich führte, befand sich, wie erwähnt, der päbstliche Legat Gebhard. Noch ehe er sächsisches Gebiet betrat, suchte den König der Erzbischof von Mainz, Rudhard auf, der gleichfalls die Würde eines päbstlichen Legaten hatte, und schloss sich ihm von Erfurt aus an.

Nachdem man den Palmsonntag feierlich in Erfurt begangen,[1]) zog der König in der Charwoche nach Gernrode, wo er den Gründonnerstag blieb, um am Charfreitag mit blossen Füssen nach Quedlinburg zu wandern. Hier wurde Ostern gefeiert, dann wandte er sich zu den Bischofsstädten Halberstadt und Hildesheim, deren er schnell Herr wurde. Die Bischöfe hatten sich hier bei der Annäherung des Königs entfernt und so musste sich die Thätigkeit der Legaten darauf beschränken, die schismatischen Canoniker vom Banne zu lösen, diejenigen, welche sich den von Heinrich IV. ernannten Bischöfen nie gebeugt hatten und desshalb beseitigt waren, wieder einzusetzen. Der König gab auch das Kloster Ilsenburg seinen Mönchen wieder, die Bischof Friedrich von Halberstadt vertrieben hatte.

Die kirchlichen Verhältnisse zu ordnen, war der Zweck zweier Versammlungen, die jetzt in den sächsischen Landen statt hatten. Ueber die erste wird uns nur gemeldet, der König habe in Gegenwart des Legaten Gebhard zu Goslar mit den sächsischen Fürsten berathen, wie er sein Reich unter Gottes Beistand und nach ihrem Rathe ordne, die auf alle Weise verletzte Kirche reinige und zur Einheit zurückführe.

---

vielmehr beiden in einzelnen Partien wol dieselbe Quelle zu Grunde liegt, die im Annal. Saxo geschickt verwandt ist, in den Annalen von Hildesheim dagegen nur, indem ihre Nachrichten am Anfange und Schlusse jedes Jahres hinzugefügt wurden. Die Ann. Hildesh. setzen die Belagerung Nürnbergs in die ersten Monate des Jahres 1105, vor den Zug nach Sachsen, was unrichtig ist.

1) Vielleicht wollte Erzbischof Rudhard schon am 26. März eine Kirchenversammlung in Erfurt abhalten, wie aus einem Briefe an den Bischof E.(rlung von Wirzburg) hervorzugehen scheint. Sudendorf Registrum II, 116.

Bedeutsamer dagegen tritt in den Quellen die Kirchenversammlung hervor, die unter Zustimmung des Königs von den beiden Legaten nach Nordhausen auf die Woche vor Pfingsten anberaumt wurde. [1]) Hier wurde von den Bischöfen und Priestern über kirchliche Dinge verhandelt, Anordnung getroffen über Verlegung der Quatemberfasten, Durchführung des Cölibats; der Gottesfriede wurde bestätigt, [2]) man beschloss die simonistischen Bischöfe abzusetzen, die von ihnen geweihten Priester durch die Handauflegung eines katholischen Bischofs zu legalisiren. Es unterwarfen sich auch in Gegenwart des Königs die Bischöfe von Paderborn, Hildesheim und Halberstadt ihrem Metropoliten Rudhard und dadurch dem päbstlichen Stuhle. [3])

Wenn man alle diese Bestrebungen, Sachsen dem römischen Stuhle zu unterwerfen, sieht, sieht, wie die Legaten ihre Thätigkeit entfalten, so könnte man wohl glauben, Heinrich V. sei wie einst sein Bruder Conrad nur ein Werkzeug gewesen in der Hand des Pabstes und habe sich entweder überhaupt aus religiösem Eifer, weil Heinrich IV. im Banne war, erhoben, oder doch unfreiwillig nur den Interessen der Kirche gedient. Eine gewisse Wahrheit

---

1) In Bezug auf die Berufung der Synode weichen die Quellen ab; nach Eckehard berief sie der König: Consilio — atque ministerio Ruothardi — atque Gebehardi — episcopis vero et clericis conventum generalem in villam regiam quae Northuson dicitur — indixit. Es ist jedoch wahrscheinlicher, dass sie von den Legaten mit Zustimmung Heinrichs berufen wurde. Ann. Hild. III, 108.: Interim vero visum est eidem Gebehardo apostolicae sedis legato et Rudhardo pontifici Mogontino — habere concilium. Die Zeitbestimmung des Concils ist schwierig, da Eckehard sich zu widersprechen scheint, vgl. Waitz Anmerkung 12. Der Versuch Dambergers VII, 487. die Uebereinstimmung herzustellen, ist nicht gelungen.

2) Et pax Dei confirmatur. Kluckhohn Geschichte des Gottesfriedens S. 77. bestreitet, dass Heinrich V. die Synode berufen habe, citirt dann aber doch Eckehard, der dies ausdrücklich bezeugt. Jedenfalls ist zu betonen, dass Heinrich V. der Berufung zustimmte, wie oben (Anm. 1.) ausgeführt ist.

3) Ueber die Synode berichtet Eckehard und Ann. Hildesh. an den angeführten Orten.

liegt dieser Ansicht in der That zu Grunde, insofern nämlich der Bann seines Vaters, wenn auch nicht das einzige, so doch eines der Motive war, wesshalb Heinrich V. als Herrscher auftrat; hiemit rechtfertigte er, wie öfter, so auch in Nordhausen sein Verfahren und erklärte, sich dem Kaiser, sobald die Aussöhnung mit dem Pabste erfolgt sei, wieder unterwerfen zu wollen.¹) Ebenso wahrscheinlich ist, dass, wie einst die Erhebung des älteren Sohnes, jetzt die Heinrichs dem Pabste Paschal erwünscht war, wie wir daraus schliessen dürfen, dass er mit so grosser Bereitwilligkeit die Lösung vom Eide ertheilte, natürlich — denn Heinrich IV. hatte nach der kirchlichen Anschauung jede Berechtigung zur Herrschaft verloren.

Allein es ist mit Entschiedenheit darauf hinzuweisen, und darin liegt nach unserer Ansicht ein wesentlicher Unterschied des Königthums Heinrich V. von dem Conrads, dass, während dieser zwar fühlte, dass er einer selbstständigen Stellung bedürfe, aber nicht durchzusetzen vermogte, was er wünschte, Heinrich V., wie später, so schon jetzt einen unabhängigen Standpunkt zu behaupten wusste, dass er, wenn sich auch seine Interessen jetzt noch mit denen des Pabstes mehrfach berührten, sich doch keineswegs von letzterem leiten liess.

So liess Heinrich V. gerne zu, dass die erwähnte Kirchenversammlung in Nordhausen statt fand, dass dort die Legaten, Bischöfe und Aebte über rein kirchliche Fragen nach Belieben verhandelten; aber er war entschlossen, seine königlichen Rechte nicht aufzugeben; wohl um jede Gelegenheit eines Conflicts zu meiden, wollte er anfänglich dem Concile gar nicht beiwohnen. Als man ihn dann um seine Gegenwart bat und er sich diesem Wunsche schwer

---

1) In den Schriftstellern tritt das Motiv sonst weniger zu Tage. Eckehard sagt freilich am Schlusse seines Werkes und zwar erst nach Heinrich V. Tode VI, 265.: Hic — primum sub specie religionis patrem excommunicatum regno privavit. Doch wage ich nicht, dieser Nachricht viel Gewicht beizulegen. Ausserdem betonen das kirchliche Verhältniss die Ann. S. Dysib. und Ann. Rosenv. l. c.

entziehen konnte, da kam er in gewöhnlichen Kleidern herein, und bestätigte, auf etwas erhöhtem Platze stehend, nach den Beschlüssen der Fürsten Allen ihr Recht und Gesetz; unbillige Forderungen aber, die gerade von der Geistlichkeit erhoben wurden, wies er mit kluger Antwort zurück, ohne jedoch die Ehrfurcht vor den Priestern Christi zu verletzen.[1]

So meldet der Abt von Aura; wohl ist zu beklagen, dass dies die einzige Kunde von jenen Verhandlungen ist, die wir haben; doch bilden andere Thatsachen eine Erklärung für jene Bemerkung.

Es ist darauf hinzuweisen, dass, wie frühere Könige, so auch Heinrich V. schon in jener Zeit, aus eigener Machtvollkommenheit Bischöfe ernannt.[2] Nach dem Berichte der Annalen von Hildesheim erwählte König und Volk, das heisst doch factisch der König, nach Absetzung des

---

1) Nam cum servorum Dei conventui nonnisi vocatus interesse vellet, — tandem in abiecto productus habitu locoque stans editori omnibus iuxta principum decreta suas leges atque iura rationabiliter innovavit; si qua vero irrationabilia rogabantur mira ac ultra suos annos prudenti responsione et avita magnanimitate confutavit, in omnibus his et sibimet miro modo servans adolescentiae verecundiam et Christi sacerdotibus dignam exhibens reverentiam. Eckeh. l. c.

2) Floto II, 398. hebt dies beim Bischof von Speyer hervor. vgl. Ann. Hild. III, 109. Ueber Godeschalk von Minden sagen die Ann. Hildesh. III, 108.: (Gebehardus) — qui — quendam praesulem Widelonem, qui omnium scelerum et immundiciarum, quae pater egerat spuriissimus auctor existerat, ex apostolica auctoritate deposuerat, et alium in locum eius, quem *rex et clerus* eiusdem loci elegit, constituerat. Ann. Saxo VI, 739. hat statt clerus „populus". Ueber den Wirzburger Bischof Eckeh. VI, 228. Bei diesem fand nach der älteren Redaktion Eckehards eine Wahl statt, doch vgl. über die Stimmung der Wirzburger Eckeh. 229. „Eodem propinavit calice Wirceburgenses" und 241. die Wiedereinsetzung Erlungs. In Regensburg war die Bevölkerung gleichfalls nicht für den Bischof, den Heinrich einsetzte. Ib. 229. Hartwicum ibidem inthronizavit (rex). Eckeh. VI, 235. Welefo — Gebehardum virum probatum Tridentinae ecclesiae constitutum a rege catholico novum episcopum, quem nunquam se suscepturos cives ipsi concuraverant, recipi coegit —. Man sieht, überall war die Bürgerschaft gegen diese Bischöfe.

Widelo von Minden, dem die Verleitung Heinrich IV. zur Unzucht Schuld gegeben wird, den Godeschalk zu seinem Nachfolger; so setzte er später einen Wirzburger, Regensburger, Speierer, Trientiner Bischof ungehindert von den Vorschriften des Pabstes ein.

Es gelang sogar dem Könige, freilich gegen Willen der Curie, aber ohne dass, so weit wir sehen, für jetzt der Pabst eingeschritten wäre, die Legaten zur Billigung seines Verfahrens zu bewegen; im Jahre 1107erst werden beide von ihrem Amte suspendirt, Gebhard, weil er eben jenen Godeschalk von Minden in sein Bisthum einführte und den Heinrich von Magdeburg, der noch nicht Priester war, wohl auch auf Geheiss des Königs, geweiht hatte, Rudhard, weil er, spätere Vergehen abgerechnet, den Udo von Hildesheim wider den anfänglichen Beschluss der Synode, in seinem Amte beliess.¹)

Obgleich also Heinrich V. schon jetzt sich dem Pabste unabhängig gegenüber stellte, gelang es ihm dennoch, seine Anerkennung überall durchzusetzen; ein Zug nach Merseburg wurde wohl nur desshalb unternommen, um sich auch dieser Gebiete zu versichern; nirgends findet er Widerstand. ²)

---

1) Ann. Hildesh. in späterem Zusatze zu 1107. III, 111. Ann. Saxo in besserem Zusammenhange VI, 745. Papa ex synodi sententia Routhardum Moguntinensem episcopum ab officio suspendit, eo quod Udonem Hildinisheimensem sine ecclesiae consensu restituit —. Similis sententia de Gebehardo Constantiensi datur, quia his consensit, qui Godescalcum Mindensi ecclesiae loco intruserunt, et quia Heynricum Magdeburgensem ordinavit. Dass übrigens die Ernennung des Gebhard von Speier auch von dem Legaten Richard von Albano keinen Widerspruch erfuhr, ergibt sich daraus, dass dieser den Nachfolger desselben in Hirschau' weihte. Codex Hirsaug. Bibliothek des literarischen Vereins Stuttgart I. p. 8-

2) Der Zug nach Merseburg bei Eckeh. l. c. ist chronologisch nicht ganz sicher; ebenso ist die Nachricht, dass er hier den Heinrich habe weihen lassen, problematisch; die Mittheilung des Ann. Saxo verdient wohl mehr Glauben. Die Verhältnisse hier im Osten scheinen wenig von den Gegensätzen der letzten Jahre berührt worden zu sein, was sich daraus ergibt, dass Wiprecht von Groitsch mit Walram von Naumburg

Mächtige Stämme, sehen wir, unterwerfen sich bereitwillig Heinrich V., ihrem Könige. Ein solcher Erfolg musste ihn ermuthigen weiter zu ziehen, und da bot sich nun Mainz als bedeutendes Ziel, die Stadt, welche Sitz des ersten deutschen Bisthums war. Es kam hinzu, dass er den Erzbischof Rudhard, einen freilich wenig würdigen Vertreter des deutschen Episcopats, wieder auf seinen Stuhl, von dem er seit 1098 entfernt gewesen war, zurückzuführen wünschte.[1]) Gegen Ende Juni stand der König auf dem rechten Ufer des Rheins, Mainz, — seinem Vater gegenüber![2])

Hierhin nach Mainz hatte sich dieser, gleich nachdem ihn sein Sohn in Fritzlar verlassen hatte, nach Entlassung des Heeres, welches ihn auf dem Zuge gegen Sachsen begleitete, begeben,[3]) wohl weil die Einkünfte des völlig unter kaiserlicher Verwaltung stehenden Erzbisthums ihm reichlichen Unterhalt gewähren mochten.[4]) Von hier aus

---

einen früher entschiedenen Anhänger Heinrich IV. verkehrt; Alfwin von Merseburg stellt gleichfalls für Wiprecht eine Urkunde aus vgl. Ann. Pegav. XVI, 247. Mencken SS. Rerum Germanicarum praecipue Saxonicarum III, p. 1007.

1) Die Verhandlung gegen Rudhard bei Eckeh. 209. vgl. Floto II, 385. und die dort citirten Stellen. Jaffé Reg. Pont. 4011, 4013. Rudhard hielt sich dann in Thüringen auf meist in Katlenburg, wo er Urkunden ausstellt. Orig. Guelf. IV, 546. Ebbo Vita Ottonis Babenberg. SS. XII, 829. Rudhardus — quasi rebellis imperatori et per hoc Kathedra sua pulsus, in Thuringia per octo annos iam morabatur. Die Nachricht der Gesta Treverorum VIII, 192., dass er bei der Weihe Bruno's von Trier zugegen gewesen, widerspricht allen übrigen Quellen. Die Behauptung Erhard's Westfälische Regesten p. 213., dass Adalbert an Stelle Rudhards eingesetzt sei, beruht wohl nur auf der Urkunde Cod. dipl. Westfal. 172., die einer anderen Zeit angehören muss.

2) Ann. Hild.: Post nativitatem sancti Iohannis baptistae ad Rheni fluminis ripam usque perveniunt.

3) Ann. Hild. — pater — Mongontiae natalem Domini celebraturus revertitur.

4) Eckeh. 209. Imperator vero, pontifice sedem suam tam stolide linquente, omnes epyscopii reditus diversasque agendarum rerum administrationes suis usibus adiecit.

Und welche Ausdehnung diese kaiserliche Verwaltung hatte, er-

schickte er dann im Januar eine Gesandtschaft an den Sohn nach Regensburg;¹) als dieser sich aber nicht bewegen liess, wieder in das frühere Verhältniss zurückzukehren, vielmehr den Kaiser aufforderte, er möge sich vom Banne befreien, da verhielt sich dieser ruhig.²) Er unternahm es

---

sehen wir aus einer interessanten Urkunde bei Beyer Mittelrheinisches Urkundenbuch S. 466., die nach Erhard, Westfäl. Regesten zu dem betreffenden Jahre, dem zu Berlin befindlichen Originale entnommen ist. Dort heisst es, dass man das Siegel des Rudhard einem Tausche der Pröbste von St. Stefan in Mainz und von Ravengirsburg anzuhängen beschlossen habe: Ad munimen igitur concambii rationabiliter peracti et contra fraudem reclamantium placuit omnibus sigillo domini Routhardi mogsuntine sedis archiepiscopi presens scriptum sigillari in praesentia domini Heinrici imperatoris et aliorum principum. Wird so in einer rein bischöflichen Urkunde das Siegel Rudhards gebraucht, so kann es nicht mehr auffallen, dass sein Name als Reichskanzler in den Urkunden der folgenden Jahre forterwähnt wird. Vgl. Floto II. 385. Urkunden bei Lacomblet Niederrheinisches Urkundenb. Nro. 254, 255. Humbertus cancellarius vice Routhardi archicancellarii ebenso Beyer 397. Vom Jahre 1101: Beyer 402. Wirtembergisches Ub. 258. und von 1105: Lacomble 264. In diesen zwei letzten Urkunden wird kein Name eines Erzkanzlers genannt, sondern nur „vice archicancellarii" gesagt. 1102. Walcherus cancellarius vice Routhardi archicancellarii Wirtemb. Ub. 1103. Urkunde Heinrich V. Albertus cancellarius vice Ruothardi Lacomblet 261. 1105. Theodoricus cancell. vice Ruothardi Lacombl. 265. Urkunden von 1106 sind mir nicht bekannt geworden.

1) Ann. Hild. III, 108. — legatos direxit Bawariam, — si quo modo possent reconciliare eum. Filius vero respondens fatetur, nulla ratione ei communicare posse, nisi prius purgaretur excommunicationis noxa, qua diu tenebatur apostolici sedis censura.

2) Was Floto II, 391. meint, der Kaiser habe nicht sogleich die Grösse eines so heimlich betriebenen Aufstandes überblicken können, genügt in keiner Weise, um die Thatenlosigkeit desselben zu erklären. Hätte Heinrich mit den Waffen gegen den Sohn überhaupt damals einschreiten wollen, so lag doch am nächsten, dass er mit dem gegen die Sachsen bestimmten Heere gegen ihn zog; statt dessen aber blieb er ruhig in Mainz. Auch Stenzel sagt mit Unrecht II, 585. „Sobald der Kaiser von der Flucht des Sohnes hörte", während doch fast ein Monat verging, ehe er die Gesandten schickte. Er scheint freilich zwei Gesandtschaften anzunehmen, was aber doch nicht bewiesen werden kann, vielmehr beziehen sich die Worte der Vita Heinrici XII., 278. auf dieselbe Botschaft, die Ann. Hild. erwähnen.

nicht, den Sohn mit Gewalt zu verfolgen, obgleich er dies gewiss vermocht hätte, und schrieb nur einen Brief an den Pabst Paschal, in welchem er beklagt, dass nicht mehr derselbe Friede herrsche, wie einst, bevor Gregor den päbstlichen Stuhl bestiegen, und dass sein Sohn ihn jetzt verlassen habe.[1]) Dann hören wir, dass er um Ostern den Patriarchen Udalrich von Agley bei sich empfängt, der jetzt auch, obgleich früher eifriger Anhänger des Kaisers und Gegner Gebhards von Constanz, zur Aussöhnung mit Paschal räth, aber, ob er gleich keine Gemeinschaft mehr mit dem Kaiser haben zu können die Miene annimmt, doch kein Bedenken trägt, reiche Geschenke von seiner Hand zu nehmen.[2]) Darauf verschwindet Heinrich IV. wieder auf mehrere Monate aus den Quellen, ein sicheres Zeichen, dass er keinen Kampf gegen den Sohn unternahm; als dann dieser bei Mainz erschien, hat er den Uebergang über den Rhein gehindert, indem er mit Hülfe des Pfalzgrafen Sigfried alle Schiffe auf das linke Ufer hatte bringen lassen; seine Ritter und die Bürger von Mainz stehen bereit, eine Ueberschreitung des Flusses zu hindern.[3])

Aber eben so wenig wie des Vaters war Kampf des Sohnes Begehren; so weit wir sehen, trat der Gedanke

---

1) Codex Udalrici Nro 215. Hic quoque filius noster, quem adeo affectuose dileximus, ut eum usque ad solium regni nostri exaltaremus, eodem veneno infectus, consilio quorundam perfidissimorum et periuratorum sibi adhaerentium insurgit in nos, postpositis omnibus sacramentis, quibus se nobis obligaverat, posthabita omni fide et iustitia, tantum ut bona ecclesiarum et regni libere valeant perdere, rapere et inter se dividere. Floto II, 409. setzt den Brief ins Jahr 1106. Aber da der Erhebung des Sohnes als eines jüngst eingetretenen Ereignisses erwähnt wird, gehört er wohl hieher.

2) Floto II, 393. lässt den Patriarchen dem Sohne nachreisen, während doch schon Annal. Saxo und Stenzel richtig gesehen haben, dass er in Mainz auftrat. Was er dann sagt „in grosser Trauer kehrte er nach Hause zurück" ist Phantasiegebilde; im Gegentheil werden die Geschenke des Kaisers dem ehrgeizigen Prälaten grosse Freude gemacht haben. Ueber die frühere Parteistellung des Udalrich vgl. Casus s. Galli. SS. II, 159.

3) Ann. Hildesh. l. c. Eckeh. 218.

eine Entscheidung durch die Waffen zu suchen, gar nicht zu Tage; im Gegentheil, man begann ungesäumt zu unterhandeln.

Eckehard verdanken wir die wenigen Notizen über den Charakter dieser Verhandlungen. Von beiden Ufern des Rheines kamen, so scheint es, die Fürsten zur Berathung zusammen; der Gesichtspunkt, welcher sie leitet, ist, feindlichen Zusammenstoss zu meiden; ausdrücklich wird gemeldet, dass ihnen der Eid, den sie dem Vater, wie dem Sohne geschworen, am Herzen gelegen habe;[1] aber nicht etwa die Fürsten allein sinnen auf Versöhnung der widerstrebenden Interessen, zu welcher Annahme man geneigt sein könnte, wenn man hört, dass die Treue der bei dem Kaiser weilenden Grossen keine übermässig feste gewesen sei; auch Heinrich IV. nahm, wenn auch nicht persönlich, doch durch Gesandte vertreten, an den Berathungen Theil; Boten fuhren über den Rhein hin und zurück; der Kaiser macht Vorschläge, die weitgehender Art sind; er bietet seinem Sohne eine Theilung des Reiches an, sichert ihm die Nachfolge auch in den Gebieten zu, die er selbst noch bis an den Tod unter seiner Herrschaft behalten wollte.

Es leuchtet ein, dass Heinrich IV. dem Sohne jetzt weniger zugesteht, als er 1103 ihm in Aussicht gestellt hatte. Wenn man nun auch nicht annehmen will, die früheren Versprechungen wären nur Schein gewesen, so muss man erklären, dass eine wirkliche Sinnesänderung, wie öfter, so jetzt in dem alten Kaiser vorgegangen ist, indem, weil er doch wirklich zu Zugeständnissen sich bereit erklärt, nicht eingeworfen werden kann, er habe sich

---

1) Eckeh. sagt: Sicut autem istis interfluentia Rheni naviumque subtractio urbis aditum denegabat, ita illis sacramentorum tam filio quam patri factorum consideratio parricidale bellum interdicebat. Plura tamen hinc et inde nuncia navigabant, multa et consilia regni proceres inter se trutinabant, *patre regni divisionem* et hereditarie successionis confirmationem pollicente, filio vero nil nisi apostolicae subiectionis et aecclesiasticae unitatis efficientiam expostulante. Vgl. Ann. Hildesh.

nicht wollen abtrotzen lassen, was er freiwillig zu geben bereit war.

Heinrich V. stellte das Verlangen der Unterwerfung unter den römischen Stuhl; als der Kaiser diese weigert, brach man die Verhandlungen ab — aber nicht um mit dem Schwerte ein Resultat zu erzielen.[1]) Im Gegentheil. Das Mainthal aufwärts zieht Heinrich V. nach Wirzburg, wo er den Bischof Erlung, einen früheren Kanzler seines Vaters absetzt, einen neuen, Robert, erhebt; dann entlässt er das Heer, welches vornehmlich aus Sachsen bestand, in seine Heimath; der Erzbischof Rudhard kehrt nach Thüringen zurück, König Heinrich zieht weiter nach Osten.[2])

Worauf wir schon oben hinwiesen, dass die Erhebung Heinrich V. nicht zugleich Krieg gegen den Vater bezweckte, erhält durch solches Verfahren unzweifelhaft eine Bestätigung. Wie wäre es sonst zu erklären, dass er bei Mainz gleich zu unterhandeln beginnt, wie, dass er jetzt sein Heer entlässt?

Nur wenn wir diese Thatsachen gebührend würdigen, erklären sich uns einige Worte des Abtes von Aura, die wir sonst als ungereimt verwerfen müssten, was doch bei einem wenn auch nicht unparteiischen, so doch gut unterrichteten Schriftsteller, wie Eckehard ist, sehr bedenklich sein müsste. Derselbe sagt: „Es gibt Leute, die behaupten, der ganze Zwiespalt sei künstlich vom Kaiser, dem an Umsicht Niemand gleichkam, hervorgerufen worden, um unter dem Scheine der Uneinigkeit den Theil des Reiches, der von ihm abgefallen, listig in Gemeinschaft mit dem Sohne zu bringen, damit die Gelegenheit und Möglichkeit, sich ein *anderes, wahr-*

---

1) Floto sagt: „Doch mussten die Rebellen unverrichteter Sache abziehen."

2) Darüber weichen Ann. Hild. und Eckeh. von einander ab, ob Rudhard vor der Einnahme von Wirzburg nach Thüringen zurückkehrte, oder erst nachher. Eckeh.: dimissis Saxonibus ipse cum Baioariis ad obsidium castelli Noüremberg conversus.

haft feindliches Haupt zu wählen, den Gegnern entzogen würde.¹)

Nach den vorliegenden Ereignissen werden wir nun zwar nicht annehmen, dass diese Ansicht geradezu auf Wahrheit beruhe, besonders da sie sich nur in der Recension von Eckehards Werk, die für Heinrich V. selbst bestimmt war, findet, und desshalb ist bei Erforschung der etwaigen Motive, die dieser bei seiner Erhebung hatte, auf dieselben gar nicht Rücksicht genommen worden. Aber dennoch ist die Stelle von dem grössten Werthe, indem sie unsere Ansicht über die Zwecke, welche Heinrich V. verfolgte, bestärkt. Denn es wäre doch unmöglich gewesen, eine solche Meinung damals zu äussern, wenn eine wirkliche Feindschaft, wirklicher Kampf zwischen Vater und Sohn stattgefunden hätte.

Demnach werden wir nicht gemeint sein, in begeisterter aber auch blinder Verehrung für den Kaiser, alles Unrecht auf der Seite des Sohnes zu finden, dessen Verfahren ohne Weiteres als ein „Bubenstück, Rebellion, Revolution" bezeichnen,²) wenngleich eben so wenig wir der Ansicht eines Schriftstellers des vorigen Jahrhunderts zustimmen, der eine Schrift schrieb: „Der meineidige und rebellische Sohn Heinrich V. wird als ehrerbietig und gerecht gepriesen."³) Nach unserer Ansicht griff Heinrich V. über seine Stellung, die ihm der Vater verschafft hatte, hinaus; er strebt auch

---

1) Diese Stelle steht nur im Cod. C.
Sunt qui dicant ipsum discidium *industria ipsius imperatoris*, cuius circumspectioni vix quisquam posset aequari, provisum, quatinus *simulata discordia* illam partem regni, quae a patre deficiebat, in filii traheret artificiose contubernium, scilicet ne locus ullus vel copia foret adversariis, sibi caput aliud facere veraciter inimicum. Nos tamen divina procul dubio dispensatione totum id gestum credimus remque ipsam Deo annuente ex fructu bono comprobabimus.

2) So Floto II, 389., der besonders hervorhebt, wie nur die *Fürsten* betheiligt waren, das Volk aber auf Seiten des Kaisers gestanden habe.

3) De Berlepsch, Filius periurus et rebellis Henricus V. praedicatur pius et iustus. Halae et Lipsiae 1734. Stenzel I, 592. schreibt die Schrift mit Unrecht dem Inspector der Akademie Lüneburg-Werenberg zu.

nicht nur nach dem Range, wie ihn sonst das deutsche Staatsrecht den gekrönten Königssöhnen zugestand; er ging weiter, er wollte wirkliche Regierung, wie sein Vater ihm 1103 versprochen hatte, und verfiel damit einer Gefahr, wie sie unzweifelhaft die Einrichtung, dass königlicher Name schon bei Lebzeiten des Vaters den Sohn schmückte, hervorrief. Aber es ist hervorzuheben, dass er nicht darauf ausging, seinen Vater zu bekriegen, der kaiserlichen Würde mit Gewalt zu berauben und aus dem Reiche zu vertreiben.[1]) Das Geltendmachen seiner Ansprüche verschob er nicht bis zum Tode des Vaters; aber das eigenthümliche Verhältniss, dass in Deutschland Vater und Sohn gleichzeitig die Krone tragen konnten, ohne dass man an solcher Theilung der monarchischen Würde Anstoss genommen hätte, erklärt es einigermassen, wie die Erhebung Heinrich V. erfolgen konnte, ohne den Gedanken einer Ausschliessung des Vaters von der Regierung zur Vorbedingung zu haben.

Der fernere Gang der Ereignisse bestätigt unsere Ansicht. Später freilich trat eine Wandlung in den Verhältnissen ein.

Wir haben gesehen, Heinrich V. verliess Wirzburg und zog gen Osten; bei Nürnberg machte er Halt, da dasselbe, vertrauend auf seine feste Burg, sich weigerte, ihm das Thor zu öffnen; eine fast zweimonatliche Belagerung war erforderlich, den Widerstand zu brechen.[2]) Nach Einnahme des Castells entliess der König auch seine bairischen Truppen,[3]) begab sich nach Regensburg offenbar in

---

1) Dies ist ganz richtig hervorgehoben von v. Berlepsch, der S. 42. darauf Gewicht legt, dass Heinrich V. sein Heer entlassen habe, die Sachsen in Wirzburg, die Baiern nach der Belagerung Nürnbergs. Er sagt S. 462.: Jam qui putat, filium quaesiisse captivum ducere patrem vel profligare eius copias, ignarus est veritatis historicae.

2) Ueber die damalige Bedeutung des Orts vgl. Chroniken der deutschen Städte, herausgegeben von der Münchner historischen Commission. I. p. XIV.

3) Eckeh. 228. Vita Heinrici XII, 278. Beide sagen, dass Heinrich V. sein Heer entlassen habe.

der Hoffnung hier ruhig als Herrscher verweilen zu können, zufrieden, dass er mächtige und eben die Stämme zu seiner Anerkennung vermocht hatte, deren tiefe Abneigung gegen Heinrich IV. sonst leicht eine wenigstens zeitweilige Auflösung des Reiches hätte hervorrufen können.

Allein in dieser Weise sollte Heinrich V. Macht sich doch noch nicht consolidiren; es trat jetzt eine Wendung in der Politik des Vaters ein, der nach langem Zögern sich zu erneuter Thätigkeit emporraffte.

Noch während der Sohn Nürnberg belagerte, hatte jener Mainz verlassen, in Wirzburg den früheren Bischof wieder eingesetzt und suchte nun, indem er vor Allen den Bamberger Bischof Otto und den Lütticher Otbert aufbot, ein Heer zu sammeln. Auch mit den Nürnbergern setzte er sich in Verbindung, forderte eben jenen Otto auf, ihnen Trost zukommen zu lassen; nur auf seinen Befehl soll sich die Stadt zuletzt ergeben haben.[1]) Als sein Sohn dann, sei es, dass er von der Bewegung des Vaters keine Kunde hatte, oder dass er, was wahrscheinlicher ist, doch nicht glaubte, derselbe würde gegen ihn auftreten, wie erwähnt, nach Regensburg ohne Begleitung eines Heeres sich begeben, da zog der alte Kaiser in schnellem Zuge die Besitzungen der Anhänger des Sohnes verwüstend auf Regensburg los, um sich der Person des Gegners zu bemächtigen.

Man kann in dem Verfahren des Kaisers eine gewisse Aehnlichkeit mit dem finden, welches er beobachtete, als einst Conrad sich erhoben; beide Male sieht er eine Zeit lang ruhig dem Gange der Dinge zu, sucht dann aber sich des Sohnes, ihn überraschend, zu versichern. Aber während es ihm damals gelang, in schnellem Marsche von Verona nach Pavia den Conrad zu erreichen, ihn, wenn auch nur für kurze Zeit, gefangen zu nehmen, musste er jetzt sehen,

---

1) Cod. Udalr. Nro. 210. 211. auch bei Ussermann episcopatus Babenbergensis cod. prob. 58. während der Belagerung geschrieben. Chron. S. Huberti Andag. VIII, 629. Pater autem assumpto Leodii Otberto sum suis — per superiores regni fines itinere quindecim dierum, prosecutus filium. Vita Heinrici l. c.

wie Heinrich V., freilich nur mit Mühe, seine Flucht¹) aus Regensburg bewerkstelligte, über den Regen in das Gebiet des Markgrafen Dieppold von Vohburg zog und schleunigst wieder ein Heer zu sammeln suchte.

Der Plan des Kaisers war durchkreuzt.

Aber nicht gleich schien Heinrich IV. den eingeschlagenen Weg verlassen zu wollen; zu weitern Schritten sehen wir ihn entschlossen. Nur kurze Rast wurde in Regensburg gemacht, ein neuer Bischof eingesetzt, da der frühere der Hand eines Ministerialen erlegen war; dann aber überschritt der Kaiser die Donau, zog seinem Sohne nach; verstärkt durch Leopolds von Oestreich und des Böhmerherzogs Mannen stellte er sich am Regen ihm gegenüber.

Nur der seichte, inselreiche Fluss, in dessen Bett Ritter wohl zum Einzelkampfe hinabstiegen, trennte die beiden Heere.²) Dennoch kam es nicht zur Schlacht; eben so wie früher bei Mainz treten die Grossen zu Verhandlungen zusammen.

Allein diese hatten jetzt einen etwas veränderten Charakter; wenn wohl anzunehmen ist, dass Heinrich IV. darum wusste, dass auch die auf seiner Seite stehenden Fürsten sich betheiligten, so scheint er doch nicht selbst Theil genommen zu haben, wenigstens hören wir nichts von etwaigen Vorschlägen, wie er sie einst bei Mainz machte.³) Das Resultat der Berathungen aber war ein ähnliches wie damals. Man beschloss, den Kampf zu meiden, Christenblut nicht

---

1) Vita Heinr. und Annal. Hildesh. melden beide, dass es Heinrich V. kaum gelang, zu fliehen.

2) Per triduum continuum ex una ripa Regini fluminis imperatoris ex altera regis volitabant signa. Eckeh.

3) Principes, qui capita roburque utriusque videbantur exercitus pacificis invicem concessis colloquiis post morose ventilatam inter se belli praesentis causam — parum iusticie, parumque emolumenti tam duro tamque periculoso inesse negotio unanimi consideratione conferebant; indeque nimirum fratribus, id est populo utraque parte christiano, parcendum, immo parricidali pugna cessandum pari voto iudicabant. Eckeh.

in vatermörderischem Gefechte zu vergiessen; die Erklärungen des jungen Königs, wie er sich als Vorkämpfer des väterlichen Reiches auffasse und nicht daran denke, seinem Vater nach dem Leben zu streben, stimmten hiemit überein.[1])

Als nun ein geheimer Bote des Sohnes den Kaiser von der Stimmung der Heere in Kenntniss gesetzt hatte, als auch Leopold von Oestreich und der Böhmerherzog erklärten, dass sie nicht kämpfen würden, da fand sich der alte Heinrich bewogen, den Gedanken, eine Entscheidung durch die Waffen herbeizurufen, wenn er ihn je ernstlich hegte, aufzugeben; nur von einer kleinen Schaar begleitet, verliess er bei Nacht sein Lager.[2])

Durch Böhmen zog Heinrich IV. fort, nicht auf dem Wege, welchen er gekommen; ehrenvoll geleitete ihn Herzog Borivoy durch sein Land; an den Bergen der Lausitz nahm ihn Wiprecht von Groitsch, ein Anhänger Heinrich V. in Empfang und sicherte ihm den Weg durch Sachsen bis an den Rhein. Eckehard versichert, dass der König dem Groitscher Grafen ausdrücklich die Erlaubniss, so zu handeln, gegeben habe![3])

---

1) Nach Eckeh. sagte der König: Ego quidem christianis michi legibus subarratum regnum ut heres et successor augusti tenere — cupio; parricida vocari vel esse nolo — me non esse impugnatorem patris, sed paterni regni propugnatorem esse noveritis.

2) Floto II, 396, lässt die Fürsten überlegen, was man mit dem Kaiser machen wolle und sagt: „Und er zählte wahrlich in seinem Lager noch treue Diener genug, die ihr Leben für ihn gelassen hätten. Als die beste Auskunft erschien, ihn um seine Sicherheit besorgt zu machen —." Es ist aber doch hervorzuheben, dass der Bote des Sohnes eben einen Conflict zwischen Vater und Sohn, der nur zu Schaden des ersteren aller Wahrscheinlichkeit nach hätte ausschlagen können, vermeiden sollte. Dass Leopold von Oestreich und der Böhmerherzog erklärten, nicht kämpfen zu wollen, sagt Eckehard. Vita Heinr. qui (dux Boemiae) quamvis nuper eum in arto non bene reliquisset. Dass Cosmas Prag. SS. IX, 110. die Treue der Böhmen hervorhebt, kann nicht auffallen.

3) Eckeh. 229. Audiens interim rex patrem apud Wigbertum — esse repertum, usque ad Rhenum illi ducatum, hoc enim per legatos ipse supplicabat, administrari permisit. Ann. Hildesh. 109. Vita Heinr.

Diese Nachricht nun ist der Anlass gewesen zu einer Auffassung, wonach Wiprecht, ein Doppelspiel treibend, nur um nicht offen von dem Sohne abzufallen, ihn um diese Erlaubniss gebeten haben soll, und der König sie nur, weil er das Geschehene nicht ungeschehen machen konnte, ertheilte.[1]) Allein es ist doch zu erwägen, ob es nicht als offener Hohn gegen Heinrich V. erscheinen musste, wenn Wiprecht zu einer That, die gegen den Willen des Königs gewesen wäre, doch dessen Zustimmung eingeholt hätte. Viel natürlicher ist die Ansicht, dass der junge König völlig mit Wiprechts Thun einverstanden war. Er wollte es durchaus vermeiden, irgend welche Gewalt gegen den Vater zu gebrauchen, — jetzt ebenso wenig wie früher ihn der Freiheit berauben, ihm die Kaiserkrone nehmen.

Hiefür scheint Alles zu sprechen, nicht bloss sein Verfahren, seit er den Vater verlassen, sondern auch die äussere Ehrerbietung, mit der er seine Truppen der kaiserlichen Majestät gegenüber am Regen auftreten liess, ferner, dass er, nachdem die Berathungen der Fürsten stattgefunden hatten, sich nicht des Vaters bemächtigte, vielmehr durch einen Boten denselben von der Stimmung der Fürsten, von der ganzen Sachlage benachrichtigte.[2])

(dux Boemiae) cum magno tamen honore suscepit et usque in Saxoniam deduxit; ubi quamvis *infestos* et fortes inimicos haberet, per eos tamen *et ab eis* usque ad Renum honorifice deductus est.

Ann. Gradicens. SS. XVII, 648. (dux Borivoy) eum cum suis per terram suam conduxit ac de suis rebus dignissime procuravit, donec — liberalissime donatum militi suo scilicet Wibberto conducendum permisit. Cosmas Prag. VIIII, 110.

1) Floto II, 397. Unverantwortliche Nachlässigkeit, um nicht noch mehr zu sagen, verräth Damberger VII, 491., der auf *einer Seite* sagt: „Der Annalist von Hildesheim lässt ihn (den Kaiser) die Flucht ergreifen; *glaubwürdiger* ist die Angabe (wo ?), dass ein Waffenstillstand geschlossen sei. — Des Kaisers Abreise, man darf sagen *schmähliche Flucht* aus Baiern schlug hier seine Partei gänzlich darnieder.

2) Wie solche Chronisten, die der Sache nicht nahe standen, die Dinge auffassten, zeigt Cosmas, der den Kaiser *auf der Flucht vor*

Der erfolglose Zug des Kaisers, der unblutige Sieg, den Heinrich V. Politik errungen, war von der grössten Bedeutung für die weitere Entwicklung der Verhältnisse. Natürlich, dass dieser sogleich wieder in Regensburg einziehen, dort einen neuen Bischof einsetzen konnte; und die Bevölkerung der Stadt musste es schwer büssen, weil sie ihm die Treue gebrochen; das wichtige aber war, dass mehre geistliche wie weltliche Fürsten, die bisher im Heere des Vaters gestanden, — unter ihnen vielleicht auch Otto von Bamberg — auf seine Seite traten.

Dann zog er weiter nach Franken, restituirte in Würzburg, obgleich sich Erlung unterwarf, dennoch den Robert, und ersterer fand nur Aufnahme in der Kapelle des Königs. Aber auch die Bürger der Stadt wurden aufs Neue verpflichtet, vielleicht ihnen Geldzahlungen wegen des früheren Abfalls aufgelegt.[1])

Heinrich IV. haben wir auf dem Zuge nach dem Rheine verlassen; in den Tagen vermuthlich, wo der Sohn in Würzburg weilte, gelangte er an denselben und zog wieder nach Mainz, so dass beider Stellung völlig derjenigen glich, welche sie einige Monate vorher eingenommen hatten.[2])

---

seinem Sohne nach Regensburg kommen lässt. Das Chron. Luneb. Pertz. SS. XVI, 73. lässt am Regen einen grossen Kampf stattfinden: do wart en grot strit under in, dar ward ludes vil geslagen an beidenthalven.

1) Eckehard l. c.

2) Floto II, 397. lässt in die Hände des Kaisers ein Schreiben der Mainzer gelangen, das Cod. Udalr. 213. steht, aber Bedenken erregen muss. Die Ausdrücke „camerarius" und „centurio" freilich dürfen nicht auffallen, da nach Arnold, Geschichte der deutschen Freistädte 1, 82, 162. eben in Mainz diese Titel zuerst und zwar allein in dieser Zeit vorkommen. Der Inhalt aber ist höchst unwahrscheinlich. Die Angabe, der Sohn ziehe mit Sachsen und Thüringern heran, ist unrichtig, da er von Regensburg heraufkam, und scheint kaum möglich, da eben Heinrich IV. aus Sachsen kam. Der Brief sagt, der Herzog von Lothringen Heinrich ziehe mit den Bischöfen von Metz und Verdun heran. Die beiden letzteren waren nun allerdings Gegner Heinrichs und der Lothringer wechselte so oft seine Parteistellung, dass es zwar unwahrscheinlich, aber doch möglich ist, dass er jetzt noch auf Seite der Anhänger Heinrich V. stand, wenn er auch im folgenden Jahre

Sie blieb nicht dieselbe.

Heinrich V. zeigte bald, dass er jetzt entschlossen war, weiter zu gehn, auch auf dem linken Rheinufer seine Anerkennung durchzusetzen, Mainz in seine Hand zu bekommen, das wohl besonders desshalb von ihm erstrebt wurde, weil er hier sich in feierlicher Versammlung von den Grossen des Reiches huldigen zu lassen gedachte. —

Wie früher, so standen auch jetzt dem Ueberschreiten des Flusses im Angesichte der Stadt erhebliche Schwierigkeiten entgegen; und vor Allem war ein Zusammenstoss mit dem Vater zu vermeiden. Desshalb zog Heinrich V. es vor, sich zunächst südwestlich zu wenden, gen Speier. Hier gelang es ihm denn mit Hülfe des Burggrafen der Stadt, den Uebergang, wenn auch nicht ohne Schwierigkeit, am Vorabende des Festes Allerheiligen zu bewerkstelligen.

---

den Vater vertheidigt. Vgl. Gesta episcop. Virdun. SS. X, 498. Gesta episc. Mettens. ib. 544. Ueber Heinrich von Lothringen Sigbert von Gembloux VI, 371. Sehr eigenthümlich ist, dass Floto die Sigle H. gleich auf den Lothringer deutet, dagegen ganz still schweigt von der Sigle comes H. filius comitis O. während er doch p. 388. gezeigt hat, dass er sie zu deuten versteht, indem er sie auf Heinrich den Fetten bezieht, der 1101 gestorben ist. Die Urkunden bei Lacomblet 264, 265, beweisen, dass Friedrich von Köln noch auf Seite Heinrich IV. stand, während ich für die Parteistellung Brunos von Trier, den gleichfalls unser Brief heranziehen lässt, nicht die Datirung der Urkunde Beyer 410. geltend mache, da diese mit ihrem doppelten Datum, wovon übrigens nur das freilich von Beyer nicht angenommene VIII. Kal. Aug. echt sein könnte, wohl als gefälscht in Anspruch genommen werden muss, wir überdies wissen, dass wenigstens 1106 Bruno auf Seiten des Sohnes stand. Da nun der Brief die Parteistellung so vieler Personen verwechselt, scheint er unecht zu sein; wer das Gegentheil behauptet, muss eine unnatürliche Unkenntniss der Mainzer voraussetzen. — Meine Annahme, dass Heinrich IV. schon in Mainz war, als der Sohn in Würzburg weilte, gründet sich darauf, dass, als letzterer in Speier anlangt, die Kunde davon den Vater zu einem Zuge von Mainz rheinaufwärts bewog, ausserdem aber der Marsch Heinrichs V. auf Würzburg vielleicht die Absicht verräth, bei Mainz überzusetzen, was dann wohl durch die Anwesenheit des Vaters daselbst verhindert wurde.

Ein grosser Erfolg war errungen; die Ahnenstadt der fränkischen Könige war mit den reichen Schätzen des Vaters in seiner Hand. Hier feierte er den andern Tag das Fest und verlieh dem Gebhard von Hirschau den verwaisten Bischofsstuhl.[1])

Der Kaiser war, als er von der Absicht des Sohnes bei Speier überzusetzen hörte, sofort von Mainz dahin aufgebrochen, um dies, wo möglich, zu hindern. Er kam zu spät; unverrichteter Sache musste er umkehren; und eben so wenig Erfolg hatte es, dass er am andern Tage den Abt von St. Alban an den Sohn sandte, wie es heisst, mit der Bitte, eingedenk zu sein, dass er sein Vater sei, den er doch nicht so beharrlich aus dem Reiche vertreiben möge. Heinrich V. liess ihn nicht vor, ertheilte ihm nur den Bescheid, er riethe dem Vater, sich aus Mainz zu entfernen, damit er sich nicht etwa einer Belagerung aussetze.[2])

Diesem Rathe folgend verliess der Kaiser Mainz und zog über Schloss Hammerstein nach Köln. Wie wenige Wochen vorher bei Regensburg folgte er jetzt dem Wunsche des Sohnes, offenbar in der Absicht, auch seinerseits jedem Anlasse zu etwaigem Kampfe auszuweichen.

---

1) Ann. Hildesh. Eckeh.
2) Ann. Hildesh. III, 109. Altera vero die abbatem de sancto Albano Spire ad eum direxit, obtestans eum per Deum ut recordaretur, se patrem ejus esse et ne tam pertinaciter a regno eum vellet repellere. Ille audire distulit, sed hoc *ille* mandavit, ut ab urbe vellet citus digredi ne occuparetur ab inimicis. At ille —. Pertz schlägt vor „illi" zu lesen, was allein sinnentsprechend ist. Würde man annehmen, wie vielleicht Floto thut, dass Dietrich von St. Alban aus sich selbst heraus den Rath gegeben, so könnte wohl nicht „vellet" stehen. Die Ann. Hild. zeichnen sich übrigens durch ausserordentlich freien Gebrauch der Pronomina aus. Floto hebt hier hervor, wie die Fürsten sich untreu gezeigt hätten, aber es ist zu bemerken, dass davon in den Quellen bei dieser Gelegenheit nicht die Rede ist, die Stelle des Chron. Andag. bezieht sich auf die Verhältnisse in Regensburg.

Dadurch aber gewann Heinrich V. völlig freie Hand, alles zu vollführen, was noch nothwendig schien, um seine Stellung zu sichern.

Jetzt konnte er ungehindert in Mainz einziehn. Sofort berief er den Erzbischof Rudhard aus Thüringen zurück, und so wurde es diesem möglich, wieder die Verwaltung des Bisthums zu übernehmen.[1]) Dann aber entbot Heinrich V. zum bevorstehenden Weihnachtsfeste die deutschen Fürsten nach Mainz zu einer grossen Reichsversammlung, um sich hier, so dürfen wir wohl annehmen, feierlich huldigen zu lassen, und über weitere Massregeln zu berathen.[2])

Keine Sorge machte es ihm, so weit wir sehen, dass der Vater noch in Köln weilte, dass überhaupt Niederlothringen ihn noch nicht anerkannte; hatte er doch fast das ganze Reich inne! Und so fand er denn auch, ganz entsprechend seinem bisherigen Verhalten, keinen Grund, seinem Vater zu folgen, sondern unternahm einen Zug nach den oberen Rheingegenden, — wie Eckehard sagt, nach Burgund.[3])

Nur Vermuthungen lassen sich aufstellen über den Zweck, den Heinrich V. hier zu erreichen hoffte. Ob noch Fürsten oder Städte in jenen Gegenden zu gewinnen waren? Ob er schon jetzt nach der burgundischen Krone strebte? Die Schriftsteller theilen nichts darüber mit, wohl desshalb, weil der König bald wieder umkehrte, als die Kunde kam, der Kaiser ziehe von Köln herauf, um die anberaumte Reichsversammlung zu hindern.[4])

---

1) Eckehard schildert das „tripudium nobilis Magontiae" bei Rückkehr des Bischofs, aber vgl. p. 231, 2.
2) Eckeh. Ann. Hildesh.
3) Eckeh.: Rebus igitur circa Rhenum compositis Burgundiam rex Heinricus convertitur.
4) Floto II, 399. folgt der Vita Heinr. und nimmt an, dass der Kaiser auf dem Reichstage hätte erscheinen wollen, wobei Eckehard anzuführen durchaus unberechtigt ist, indem an der citirten Stelle nur von der Zeit nach der Koblenzer Zusammenkunft die Rede ist, was nicht hätte übersehen werden sollen, besonders da Eckeh. ausdrücklich vorher „impedire temptantem (patrem) repperit" sagt. Floto nennt das

Da eilte Heinrich V. schnell den Rhein wieder abwärts, seinem Vater entgegen. An dem Walde San bei Bacharach traf er dessen Vorhut, den Pfalzgrafen Siegfried und den Grafen Wilhelm (von Lützelburg?), folgte diesen, als sie zurückwichen, bis Coblenz, wo am linken Moselufer Heinrich IV. weilte.¹)

Aufs Neue also lagern sich Vater und Sohn nur durch einen Fluss getrennt einander gegenüber; auch jetzt kam es ebensowenig wie früher dazu, dass man mit den Waffen die schwebenden Verwicklungen zu lösen unternahm; man schritt zu Verhandlungen.

Bisher, sowohl bei Mainz als bei Regensburg, hatte, wenn zwar wohl beide Male der Vater in gewisser Weise Theil nahm, doch der Schwerpunkt der Unterhandlungen in den Besprechungen des Sohnes mit den Fürsten gelegen; jetzt dagegen kommen die Grossen wenig in Betracht, indem eine persönliche Zusammenkunft des Vaters mit dem Sohne statt hatte.

Die Quellen, welche uns von den Ereignissen, die folgen, Kunde geben, fliessen reichlicher als bisher. Nicht bloss Denkmale der Geschichtschreibung reden davon, wir besitzen auch drei Schriftstücke aus der Kanzlei Heinrich IV., welche über sie handeln, Briefe, sämmtlich geschrieben im folgenden Jahre, der eine an den Abt Hugo von Clugny, ein anderer an den König von Frankreich, der dritte ein Manifest an die deutschen Fürsten.

Dennoch auch nach genauester Durchforschung alles Ueberlieferten werden wir an manchen Punkten auf sichere Resultate verzichten müssen; die Schriftsteller behandeln

---

Unternehmen „einen eben so klugen als kühnen Plan, der die Rebellen zittern machte." Er meint, die Fürsten wären wohl zu ihrer Pflicht zurückgekehrt, besonders, wenn eine starke Heeresmacht den Vater begleitet hätte, während er doch sonst stets die Treulosigkeit der deutschen Fürsten tadelt.

1) Ann. Hildesh. Floto meint, Heinrich V. sei auf dem rechten Rheinufer hinabgezogen; doch ist das „ex alia parte" der Ann. Hild. wohl auf den Wald San zu beziehen.

die Dinge einander widersprechend; von einseitigen Gesichtspunkten lassen sie sich bestimmen, und auch die Briefe des Kaisers sind zu wenig objective Darstellungen, als dass man aus ihnen ein treues und klares Verständniss der geschilderten Ereignisse erhalten könnte.[1])

Für die Beurtheilung der ganzen Begegnung wäre es sicher von grosser Bedeutung, wenn wir gewiss wüssten, ob die Einladung dazu vom Vater, oder ob sie vom Sohne ausgegangen. Aber schnurstracks stehen sich die Zeugnisse einander gegenüber. Während nach den Briefen des Kaisers Heinrich V. auf eine Unterredung gedrungen hätte, um, Versöhnung und Reue heuchelnd, den Vater zu überlisten und sicher zu verderben, behaupten die Jahrbücher von Hildesheim, deren Glaubwürdigkeit im Grossen und Ganzen keinem Zweifel unterliegt, dass Heinrich IV. den Vorschlag einer Zusammenkunft machte,[2]) und dass dann der Sohn auf das linke Ufer der Mosel gekommen sei.

Und dieses letztere, dass Heinrich V. über den Fluss gegangen, ist zweifellos;[3]) es waltete demnach kein Misstrauen gegen den Vater im Herzen des Sohnes ob, er traf nicht etwa Massregeln gegen hinterlistige Pläne.

Der Kaiser warf sich dem Sohne zu Füssen, bat ihn, eingedenk zu sein, dass er sein Vater sei, erinnerte ihn,

---

1) Eine Kritik der Briefe Excurs II. Eckehard schildert offenbar tendentiös und oberflächlich. Ueber die Vita Heinrici Excurs III.

2) Der Brief an den französischen König Sigbert Gembl. VI. 370.: Ad colloquium evocavit me, quasi de communi honore et salute filius tractaturus cum patre; an Hugo von Clugny: Misit namque nobis nuncios, ut secum loqueremur; nos autem accepto consilio nostrorum fidelium annuimus. Ann. Hild. pater nuncios misit, rogans ea quae pacis sint. Floto hat auf diesen Unterschied aufmerksam gemacht, sieht aber merkwürdiger Weise darin, dass später der Sohn zum Vater kam, einen Widerspruch mit den Ann. Hild. an unserer Stelle.

3) Die Briefe setzen dies offenbar voraus; der an Hugo sagt: „Postquam autem illuc convenimus." Ann. Hild.: Filius vero trans flumen ad patrem veniens, se pedibus filii sui advolvit et quia filius et sanguis eius esset, recordari vellet, premonuit.

wie weder menschliches noch göttliches Gesetz ihm vorschreibe, des Vaters Vergehen zu bestrafen. Aber auch Heinrich V. kniete zu ihm nieder, bat den Kaiser, sich mit dem Pabste auszusöhnen, denn, wenn er nicht Gott im Himmel zum Vater haben wolle, so sähe er selbst sich genöthigt, ihm dem leiblichen Vater augenblicklich zu entsagen.[1)]

Und diesem Wunsche des Sohnes, — bemerken wir, es ist derselbe, den er so oft gestellt hatte, — erklärt sich jetzt Heinrich IV. bereit zu willfahren; zusammen wollten beide am andern Tage nach Mainz zur Versammlung ziehen, auf der des Pabstes Legaten erscheinen sollten. Wie man dagegen die Frage der Reichsregierung zu regeln gedachte, darüber beobachten alle Quellen ein merkwürdiges Schweigen; nur soviel darf behauptet werden, dass weder Heinrich IV. noch der Sohn für jetzt schon der Ausübung der Herrschaft entsagten, dass aber auf dem Tage zu Mainz auch diese Frage zur Sprache kommen sollte.

Man traf ferner nähere Bestimmungen über den Zug zur Versammlung; Heinrich V. versprach dem Vater sicheres Geleit hin und zurück, auch für den Fall, dass der Fürstentag kein Resultat haben sollte, das jenen befriedigte;[2)] dagegen veranlasste er ihn, von seinen Anhängern nur dreihundert mit sich zu nehmen, die andern aber, mit der Aufforderung sich in Mainz einzufinden, für jetzt zu entlassen.[3)]

Dies war das Resultat der Berathungen. Der bisherige Zwist schien beseitigt.

---

1) So Ann. Hild. und ähnlich die Briefe.

2) Ich sehe nicht, worauf sich Floto stützt, wenn er sagt, der Sohn hätte Alles thun wollen, damit der Kaiser das Reich wieder erhielte; bestimmt wurde dies nicht in Aussicht gestellt, was schon daraus folgen dürfte, dass Heinrich V. verspricht „perfecto negotio *vel infecto*, patrem reducere, quocumque vellet." Hier ist ausdrücklich der Fall in Aussicht genommen, dass es nicht zur Aussöhnung kommen würde.

3) Brief an Hugo: — mandando etiam caeteris nostris fidelibus, ut ibidem nobis occurrerent. Vita Heinr. 279.

Gestützt auf die Darstellung der Briefe und der Lebensbeschreibung Heinrich IV. hat man besonders die Nachgiebigkeit des Sohnes bei diesen Verhandlungen hervorgehoben und gemeint, er habe vom Vater Verzeihung des Geschehenen erbittend unbedingte Reue geheuchelt, sich als verlorner Sohn ihm zu Füssen geworfen, um so den unglücklichen, von väterlicher Liebe bethörten Kaiser desto sicherer zu täuschen und ins Verderben zu locken. Gewiss sehr mit Unrecht! Es ist doch entschieden darauf hinzuweisen, wie auch der Kaiser nachgab; es ist gewiss nicht gering anzuschlagen, dass Heinrich IV. erklärte, sich mit dem Pabste aussöhnen zu wollen, dass er damit den Standpunkt verliess, welchen er bei allen früheren Verhandlungen eingenommen hatte, wo er dem in dieser Beziehung gestellten Verlangen des Sohnes nie hatte nachgeben wollen, und so auf die Erklärungen zurückging, welche er früher auf den Reichstagen 1100 bis 1103 abgegeben hatte.

Nur wenn man diess im Auge behält, wird man die Möglichkeit zugeben können, dass eine übereinstimmende Nachricht zweier Schriftsteller, Eckehards und der Hildesheimer Annalen, richtig sei, die sonst völlig sinnlos wäre. Denn diese melden, der Kaiser habe abweichend von der getroffenen Uebereinkunft zu handeln versucht. Der Abt von Aura sagt, Heinrich V. habe in Erfahrung gebracht, dass sein Vater Dinge versuche, die mit der festgesetzten Uebereinkunft nicht im Einklang standen.[1]) Der Annalist von Hildesheim sagt vom Kaiser: „Er versprach, hielt aber das Versprechen nicht," ja er geht so weit zu behaupten, sogleich in der der Zusammenkunft folgenden Nacht habe er aus dem Lager entfliehen wollen, was ihm dann, da er von Feinden rings umgeben gewesen, nicht gelungen sei, obgleich allerdings schwer ersichtlich ist, wie dies in dem eignen Lager der Fall sein konnte.[2])

---

1) Eckeh. 280.: Inter haec aliqua, quae huic pacto pacique non convenirent, dum per occultos nuncios patrem conari filio fideles denotarent. —

2) Ann. Hild. 109, 41. — vellet renunciare; promisit, sed minime

Man wird sehen, diese Mittheilungen haben zur nothwendigen Voraussetzung, dass, wie auch aus den übrigen Quellen klar hervorgeht, die Coblenzer Zusammenkunft nicht nur heuchlerische Reue des Sohnes, sondern vielmehr entschiedene Nachgiebigkeit des Vaters hervorrief.

Eine andere Frage ist es, ob wir den eben erwähnten Nachrichten selbst unbedingten Glauben schenken dürfen. Mit dem ganzen Charakter Heinrich IV. freilich, mit seinem frühern und spätern Verhalten stehen sie nicht in Widerspruch. Aber ihnen mit Verwerfung der entgegengesetzten Auffassung der Briefe Heinrich IV., welche alle Schuld dem Sohne zuschreiben, entschieden zu folgen, würde doch bedenklich sein. Man muss sich begnügen zu wissen, wie beide Parteien die Vorgänge gerne aufgefasst sehen wollten, wird aber mit den bisherigen Quellen schwerlich zu völlig sicherer Kenntniss dieser selbst gelangen.

Genug — am andern Tage wurde der Zug gen Mainz unternommen, nachdem Heinrich den Rath seiner Getreuen, die zustimmten, angehört hatte.¹) Aber schon auf dem Wege, so behauptet er wenigstens selbst in den öfter erwähnten Briefen, empfing er Warnungen, dass er sich hüten möge, da man Böses mit ihm vorhabe; nur erneute Versprechungen und Schwüre des Sohnes sollen die Besorgnisse verscheucht haben. ²)

Man kam nach Bingen; und hier trat zu Tage, dass Heinrich V. nicht die Absicht habe, seinen Vater nach Mainz zu führen. Er forderte denselben vielmehr auf, sich einstweilen auf die nahe Burg Böckelheim zu begeben und dort bis zur Reichsversammlung zu verweilen. Der Kaiser hatte keine Wahl; er musste folgen und, nur von drei Getreuen begleitet, während der Weihnachtstage auf dieser Burg bleiben, völlig als kirchlicher Büsser, bewacht von

---

complevit. (So zu interpungiren.) — Pater quidem incumbentibus noctis tenebris temptabat anfugere; set vallatus undique ab inimicis, nequaquam poterat.

1) Brief an Hugo: Collandantibus nostris commisimus nos fidei et animae eius.

2) Vgl. übrigens Excurs II.

dem Speierer Bischofe. Als einem Gebannten, wurden ihm die Heilsmittel der Kirche während dieser heiligen Zeit vorenthalten.

So gewiss es ist, dass wie aus einem Munde die Schriftsteller wegen dieser Vorgänge gegen den König die Beschuldigung erheben,[1]) er habe seinen Vater mit List gefangen genommen, so schwierig ist, darüber klar zu werden, was Heinrich V. zur Rechtfertigung seines Verfahrens anführte. Da heisst es in dem Briefe an den König von Frankreich, er habe dem Vater erklärt, ihn nicht nach Mainz führen zu können, damit er nicht mitten unter seine Feinde gerathe, und weil der Mainzer Bischof ihn als Gebannten nicht in die Stadt lassen wolle. Dieser letzte Grund wird auch von den Hildesheimer Annalen angegeben, während dann wieder das Leben Heinrich IV. sagt, die Schwaben und Baiern seien nach Mainz gekommen, habe man gemeldet, und dies sei für den Sohn der Vorwand gewesen, den Vater zum Aufenthalte auf jener Burg zu zwingen.[2]) Was nun die inneren Motive betrifft, die Heinrich V. bei seinem Verfahren bewegten, so ist hier Sicheres nicht zu erkennen; vielleicht, dass er wirklich eine Sinnesänderung seines Vaters befürchtete, zu befürchten Grund hatte; möglich ist auch, dass er so einer Berathung der Fürsten über die Herrschaft ausweichen wollte, indem, wenn er auch sicher sein mochte, dass Alle auf seiner Seite standen, es doch für das Ansehen des Königthums nicht

---

1) Eckeh. sagt selbst, es sei die „vulgaris stultitia" zu behaupten, dass der König durch List seinen Vater gefangen genommen habe. Ann. Blandin. V, 27. Heynricus imperator Romanorum tertius a filio Heynrico *Teutonicorum dolo* . . . apud Bingam capitur. Annal. Einsidl. III, 146. Annal. S. Dysibodi XVII, 19. Annal. Elwang. V, 19. Heinricus imperator dolis filii sui circumventus capitur. Suger bei Bouquet XII, 18.

2) Der Brief an Hugo giebt auffallenderweise gar nichts darüber an. Der Brief an Philipp von Frankreich: — quia nec episcopus Maguntinus in civitatem admittet vos, quamdiu in banno eritis, nec vos impacatum et inreconciliatum audeo ingerere inimicis vestris. Vgl. Ann. Hild. Vita Henrici.

vortheilhaft sein konnte, wenn die Frage, ob Vater, ob Sohn herrschen sollte, von den Fürsten beantwortet würde, wenn es etwa gar den Anschein gewann, dass beide sich um die Herrschaft bewürben.[1]

Das war die Wendung, welche erzielt war, dass hiervon nicht mehr die Rede sein konnte. Ein Versuch des Kaisers, die Freiheit wieder zu gewinnen, wovon Eckehard meldet, misslang, wenn die Nachricht überhaupt Glauben verdient. Der Sohn benutzte die Zeit, um von ihm den Befehl zur Herausgabe der Reichsinsignien, die auf Schloss Hammerstein aufbewahrt wurden, zu erwirken; dem Grafen Wiprecht von Groitsch gelang es, dies zu erreichen.[2]

Der Kaiser aber klagte dem Speierer Bischofe sein Schicksal, erklärte, dass er bereit sei, nach dem Rathe der Fürsten des Reiches zu handeln.[3] Dies meldete der Bischof nach Mainz, als er dorthin kam, um vom Erzbischof Rudhard geweiht zu werden. Man entschloss sich, die Fürstenversammlung nach Ingelheim zu verlegen, da das Volk gefürchtet wurde, welches in Mainz, wie in den meisten Städten dem Kaiser anhing. Dorthin zogen denn Heinrich V., die Legaten des Pabstes, die Grossen des Reichs, deren eine grosse Zahl erschienen war, zweiundfünfzig, sagt Eckehard, er meint ausser dem altersschwachen Herzog Magnus von Sachsen hätte kaum einer gefehlt. Am

---

1) Stenzel sowohl, wie Floto, stellen den Sohn als Verführten dar und lassen ihn auf den Rath seiner Freunde handeln. Sie folgen etwas einseitig der Vita Heinr. Aber Arnold betont gewiss mit Recht, dass Heinrich V. nicht auf demselben Standpunkte sich befand, wie die Fürsten. Wenn Stenzel von „gottesfürchtigen rechtgläubigen" Freunden redet und damit vielleicht auf die Bischöfe als Veranlasser des ganzen Planes hinweist, so ist schon oben nachgewiesen, wie Heinrich V. den Bischöfen gegenüber sich verhielt.

2) Ann. Hild. lassen erst von Mainz aus die Insignien geholt werden, doch scheint da hiezu kaum mehr Zeit gewesen zu sein. Vgl. die Briefe.

3) Ann. Hild. Rogat episcopum Spirensem se praesentari seseque consilio eius et magnatorum regni cuncta facturum promittit, regalia et castella, que optima et munitissima habebat, filio tradere, ut saltem sibi praedia ad usus necessaria impenderet.

31. December war der feierliche Fürstentag, zu dem man den Kaiser von Böckelheim herbeiführte.

Zwei Angelegenheiten vor Allem kamen zur Sprache, die Frage nach der Herrschaft, die Aussöhnung des Kaisers mit der Kirche, und zwar wurde nach den besten Berichten jene zuerst verhandelt, — wie es scheint, schnell erledigt. Durch die Gefangennahme des Vaters hatte der Sohn zu vermeiden gewusst, dass hierüber die Fürsten entschieden, indem ja jetzt nicht mehr zweifelhaft sein konnte, wer fürder in Deutschland regiere, und so kam es, dass sie nur Zeugen waren, wie Heinrich IV. das that, was er in Böckelheim versprochen hatte. Wie es scheint, bedurfte es keines Zwanges, um ihn zur Thronentsagung zu bewegen; er erklärte, dass er auf die Krone verzichte, ja nach einem Berichte soll er unter Thränen den Sohn der Treue der Fürsten empfohlen haben.[1]

Dann kam das Verhältniss Heinrich IV. zu der Kirche in Betracht. Aber während über jenen Akt der Abdankung in den Quellen ziemliche Uebereinstimmung herrscht, wei-

---

[1] Ann. Hildesh.: Regnum filio tradidit atque omnium pedibus provolutus, praecipue cardinali apostolicae sedis legato. Brief an Philipp.: „Quia de sola vita agitur, que nichil pretiosius habeo, ut saltem vivens penitentiam exhibeam Deo, quidquid imperatis ecce facio", dann folgt die Verhandlung mit dem Legaten. Auch die Vita Heinr. hat diese Folge; sie ist sehr emphatisch: „Respondit: se videlicet imperio renunciare, non vi coactum, sed propria voluntate inductum, sibi iam defecisse vires ad moderandas regni habenas, non se iam eius cupiditate teneri, quod longo usu didicisset habere plus molestiae quam gloriae; tempus esse ut honore cum onere deposito, provideret animae suae; tantum filius suus caveret, ne quid tale faceret in se, quod indignum esset et illum facere et se pati." Fürwahr, sehr wenig stimmt dieser Bericht mit dem Briefe, wesshalb Floto, um die schönen Züge der Vita beizubehalten, dem Satze des Briefes eine unrichtige Wendung giebt. II. 405, 406. Uebrigens ist zu bemerken, dass je edler und uneigennütziger die Vita hier den alten Heinrich auftreten lässt, desto schwerer der Vorwurf der Heuchelei zu beseitigen wäre, den man gegen ihn erhoben, als er später aufs Neue nach der Krone griff. Stenzel I, 595. folgt dem Briefe an den König von Frankreich. Der Bericht Eckehards ist so sehr kurz, dass es nicht auffallen darf, wenn er die Ereignisse nicht richtig auf einander folgen lässt.

chen über die jetzt folgende Verhandlung mit dem päbstlichen Legaten, dem Bischof Richard von Albano, die Berichte in schwer zu vereinender Weise von einander ab.

Da heisst es, der Legat habe vom Kaiser schliesslich verlangt, wenn er absolvirt sein wolle, dann möge er nur nach Rom gehen, und hierauf habe dieser geantwortet: „Wer das Bekenntniss entgegennimmt, muss den Büsser freisprechen," und so sei die Verhandlung abgebrochen worden. Dies ist die offenbar höchst unwahrscheinliche Schilderung, die Heinrich IV. dem französischen Könige entwirft. Sein Brief an den Abt von Clugny erwähnt überhaupt nur ganz beiläufig die Anwesenheit des päbstlichen Legaten, schiebt den Fürsten alle Schuld zu,[1]) während die Lebensbeschreibung Heinrich IV. den Legaten zwar heftig tadelt wegen der Forderung, der Kaiser möge sich vom Pabste absolviren lassen, dagegen nicht ersehen lässt, ob Heinrich das Bekenntniss abgelegt, überhaupt Unterwerfung unter den Pabst gelobt habe.[2])

Dass dies wirklich der Fall gewesen, dass der Kaiser versprochen habe, während des noch übrigen Lebens nach den Beschlüssen des Pabstes und der ganzen Kirche für seine Seele sorgen zu wollen, behauptet nicht bloss Eckehard,[3]) sondern auch der Verfasser der Hildesheimer Jahrbücher,[4]) dessen ziemlich parteilose Darstellung uns wohl

---

1) Vgl. Excurs II.
2) Vita Heinr. 279.: Sed et pedibus apostolici legati advolvitur, orans et obsecrans, ut se a banno solveret et communioni aecclesiae redderet. Laici misericordia commoti veniam dabant, legatus — absolutionem negabat.
3) Usque ad reatus confessionem satisfactionisque promissionem perducunt. Eckeh. 281.
4) Ann. Hild. 110.: Confitens, se multo tempore anathematizatum esse a papa Hildebrando, et iniuste super eum constituisse Wicbertum papam, et suis temporibus rem publicam nimis esse turbatam. In dem Berichte ist jedoch sehr auffallend, dass vom päbstlichen Legaten gesagt wird: inopinate ad haec facta convenerat. Aber es ist bei den Hildesheimer Jahrbüchern zu bemerken, dass sie weniger auf die Motive und den Zusammenhang der Ereignisse sehen, was aber ihre Glaubwürdigkeit in Bezug auf das eigentlich Thatsächliche nicht abschwächt. Die Ann. Rosenv. XVI, 192. Confessus est, se innodatum

am richtigsten führen wird. Danach bat der Kaiser den Legaten um Lösung vom Banne, indem er bekannte, wie er lange Zeit hindurch vom Pabste Hildebrand excommunicirt gewesen sei, gegen ihn ungerechter Weise den Wibert als Pabst erhoben, durch seine eigene Schuld den Staat lange Zeit in Verwirrung gebracht habe — kurz Alles, was man ihm vorwarf, soll er eingestanden haben, nur nicht, dass er Götzendienst getrieben. Darauf erklärte der Cardinal — der, wie freilich höchst unwahrscheinlich gesagt wird, diese Vorgänge nicht erwartet haben soll — es stehe nicht in seiner Macht, eine so bedeutende Person wieder in den Schooss der Kirche aufzunehmen, sondern dies komme nur dem Pabste selbst zu. Hierin aber, so scheint es, kann man keine besondere Härte desselben sehen, indem es offenbar doch der Würde des Kaiserthums weit mehr entspricht, wenn dessen Träger nicht durch einen Legaten, sondern nur von dem Pabste selbst vom Banne befreit werden sollte.

So endete der denkwürdige Tag von Ingelheim; wie einst jener schwächliche Karolinger Karl der Dicke, so hatte jetzt der mit so glänzenden Eigenschaften begabte Kaiser Heinrich IV. die Krone verloren; als Privatmann[1]) blieb er in der Pfalz Ingelheim, die man ihm zum Unterhalte angewiesen; alles übrige Reichsgut ging in die Hand des Sohnes über, der sofort nach Mainz zurückkehrte.

---

vinculo anathematis apostolicae malediccionis — visitare limina apostolorum vovebat atque in decretis et preceptis domni apostolici perpetua stabilitate permanere. So ziemlich dasselbe, was er 1103 versprochen hatte!

1) Dass Heinrich IV. nicht mehr mit königlichem Glanze sich umgeben durfte, wie wir dies wohl bei abgedankten Kaisern neuerer Zeiten noch sehen, ergibt sich aus den Schriftstellern: Vita Heinr.: Privatus discessit, et ad quandam curtem recessit. Ja noch später, als er in Köln war, wird ausdrücklich gesagt: Ut privatus nudis pedibus ambulavit Aquisgranum. Chron. S. Huberti Andag. SS. VIII, 629. Ausdrücklich wird hervorgehoben, dass Otbert ihn wieder „regio cultu" aufgenommen habe. Schon im Jahre 1076 hatte man von Heinrich verlangt dass er privatam interim vitam agat, *nullam regii apparatus pompam*, nulla regiae dignitatis insignia sibi interim adhibeat. Lambert Hersf. V, 254.

Heinrich V. war jetzt allein Herrscher; aber bevor er weitere Massregeln traf, schien es erforderlich, dass ein feierlicher Akt andeute, dass auf ihn die volle Fülle königlicher Macht übergegangen sei. Noch einmal erklärten die Fürsten, dass Heinrich V. deutscher König sein solle;¹) am Jahrestage seiner Weihe zu Achen, am Feste der Erscheinung des Herrn, übergab ihm Erzbischof Rudhard von Mainz die Reichsinsignien, die Symbole der Herrschaft, indem er die Worte sprach: „Möge es Dir wie Deinem Vater ergehen, wenn Du nicht ein gerechter Lenker des Reichs und Beschirmer der Kirche Gottes bist", und dabei, wie es scheint, die Hand auf des Königs Haupt legte.²)

---

1) So verstehe ich mit Stenzel I, 596. das Wort des Eckeh. ad universis Germaniae principibus iam *secundo* electus. Die Stelle im Manifeste der Fürsten bei Eckeh. VI, 237.: Heinricum scil. dictum imperatorem nostrum abdicavimus, catholicum nobis licet ipsius de semine natum, elegimus bezeichnet die Auffassung der Fürsten. Vgl. Chron. Hildesh. SS. VII, 850. Aber erst in spätern Quellen tritt die Thätigkeit der Fürsten entschieden hervor bei Helmold. u. a. Dieser Akt hatte in diesem Falle wohl etwas mehr Bedeutung, als die Anerkennung Otto II. nach dem Tode des Vaters, vgl. Usinger, Excurs zu Hirsch, Heinrich II., weil die Art, wie Heinrich V. auf den Thron kam, doch unregelmässig war, aber völlig unberechtigt ist der Ausspruch Dambergers VII, 500., dass Heinrich das Reich nicht als Sohn Heinrichs IV. überkommen habe. Bei den übrigen deutschen Königen, die schon bei Lebzeiten des Vaters geweiht waren, hören wir nichts von einer solchen Anerkennung nach des Vaters Tode; jedoch ist vielleicht da von Wichtigkeit, dass Otto III. und Heinrich IV. minderjährig waren. Stenzel I, 596. lässt in dem Eifer der Polemik gegen Raumer sich zu der Voraussetzung hinreissen, Heinrich V. sei erst jetzt geweiht worden, was in keiner Weise überliefert ist.

2) (Regalia) a Ruothardo archiepiscopo et omni clero et populo honorifice suscipiuntur; et ea coram principibus filio tradidit, ita dicens: Si non *iustus regni gubernator* extitisset et *aecclesiarum Dei defensor*, ut ei sicut patri eveniret. Ann. Hild. Analog ist die Botschaft, welche Paschal dem jungen Heinrich im Anfange 1105 sendet; vgl. S. 11 und Ann. Hildesh. Diese Anrede des Erzbischofes scheint bei der Wahl eines deutschen Königs nicht ungewöhnlich gewesen zu sein. Aehnlich sagt Hermann von Reichenau über die Wahl Heinrichs IV. SS. V, 133.: Imperator Heinricus magno aput Triburiam conventu habito, filium aequivocum regem a cunctis eligi, eique post obitum suum, *si rector iustus futurus esset*, subiectionem pro-

Dann schwuren die Bischöfe und die weltlichen Fürsten den Eid der Treue.¹) Von diesem Tage an datirt der Abt von Aura Heinrich V. Regierung, wie er sagt, des zweiundachtzigsten Herrschers seit Augustus.²)

Wichtige Angelegenheiten nahmen seine Thätigkeit sofort in Anspruch. Vor Allem war es erforderlich, mit Rom über die schwebenden Fragen, das Verhältniss der weltlichen Macht zu der geistlichen, bestimmte Vereinbarungen zu treffen; sowohl der Pabst³) als der König

---

mitti fecit. Vielleicht sprach auch damals eben der Erzbischof von Mainz als erster Wähler diese Bedingung aus, der aber durchaus eine grössere Bedeutung abgesprochen werden muss. Giebebrecht II, 478. ist wohl nicht mit Recht zweifelhaft, ob er in dem Worte Hermanns eine Phrase des Schriftstellers oder eine „Reservation der Fürsten" sehen soll. Bei der Weihe Rudolfs von Schwaben sagt Berthold SS. V, 292.: illuc in *iustum* regem rectorem et defensorem totius regni Francorum laudatus, unctus et ordinatus est. Anklänge kann man auch in der ausgeschmückten Rede Aribos bei Wipo erkennen. Die Handauflegung der Legaten erwähnt Eckeh. 233.: Ab apostolicis quoque legatis per manus imposicionem catholice confirmatus. Es mag zweifelhaft sein, ob dieselbe jedoch mit der Uebergabe der Insignien zu verbinden ist.

1) „Acceptis tam ab episcopis quam laicis iuxta morem patriae sacramentis." Diese Worte Eckehards können sich doch nicht wohl auf die Weihe beziehen, obschon ich sonst nicht nachzuweisen vermag, dass, falls der Sohn schon geweiht, auf's Neue eine Eidesleistung stattfand bei der Thronbesteigung. Vielleicht ist daran zu denken, dass die, welche ihn bisher nicht anerkannten, Friedrich von Köln, Bruno von Trier, vielleicht Otbert von Lüttich und Herzog Heinrich den Eid leisteten. Doch ist dies wenigstens bei den beiden letzteren sehr unwahrscheinlich, obschon wohl in der Stelle der Vita Heinr. XII, 281., wonach Heinrich V. von ihnen sagt: de quorum fide — multum praesumebamus und Chronic. S. Huberti Andag. VIII, 629. Filius — cum factae sibi fidelitati ab Oberto ceterisque principibus confideret, etwas Derartiges gesucht werden könnte. Ueber den Erzbischof Friedrich von Köln vgl. Stein de Friederico archiepiscopo Coloniensi, Monasterii 1855., der den Irrthum Stenzels in Bezug auf dessen Parteistellung berichtigt hat.

2) Vgl. auch die Urkunde Roberts von Würzburg: Acta sunt Mogontiae ubi rex Heynricus regni gubernacula *in conventu nobilium* suscepit. Also doch wohl durch einen feierlichen Akt!

3) Paschal II. vertrat keine so entschiedene Richtung, wie sein Vorgänger, er zeigte sich ja auch später zur Nachgiebigkeit bereit.

erkannten dies an,[1]) so sehr der Standpunkt Beider verschieden war. Auf dem Reichstage zu Mainz noch fasste Heinrich mit den Fürsten einen Entschluss von grosser Bedeutung, indem eine Gesandtschaft an den Pabst abgeordnet wurde, die als Vertreterin des deutschen Reiches vorläufig mit Paschal II. verhandeln sollte; ihr Auftrag ging, wie Eckehard sagt, dahin, über etwaige Vorwürfe nach Gebühr Rechenschaft abzulegen, zweifelhafte Fragen scharfsinnig zu erörtern, in Allem mit Weisheit für der Kirche Heil zu sorgen und wo möglich den Pabst zu veranlassen, selbst nach Deutschland zu kommen.

Auf diplomatischem Wege also suchte Heinrich V. eine Abgrenzung und genaue Feststellung der gegenseitigen Rechte zu erlangen, die sein Vater gewaltsam, stürmend, dann aber nicht recht ausharrend und ohne bestimmte er-

---

Jetzt schrieb er an den Rudhard: Super hoc negotio (de diutino sacerdotii regnique dissidio) nova se oportere solicitudine concitari, cum *novi regni* oportunitatem divina dispositio providerit. Nov. 11. 1105. Jaffé Reg. Pontif. Nro. 4511.

1) Eckeh. VI, 232.: Placuit *tam regi quam primoribus* ad sanctam matrem Romanam aecclesiam tantos ac tales a partibus istis legatos transmitti, qui et de obiectis rite rationem reddere et de incertis sagaciter investigare ac per omnia utilitatibus aecclesiasticis sapienter consulere sint idonei. Obschon nun sowohl bei Gelegenheit der Synode von Nordhausen, als hier bei Absendung der Gesandtschaft hervortritt, dass Heinrich V. seinen Standpunkt der Curie gegenüber schon damals zu behaupten wusste, sagt Stenzel I, 612. von der Zeit nach dem Tode des Vaters: „Er legte sogleich, wenn auch nicht in Worten, doch in seinen Handlungen die *bisherige* Verstellung ab, und zeigte, wie wenig er als König geneigt sei, irgend etwas von den Vorrechten verlieren zu wollen, um derentwillen hauptsächlich sein Vater mit dem päbstlichen Stuhle in Streit gerathen war. Dieser Auffassung entsprechend deutet er S. 587. an, dass der „Fanatismus eifernder Geistlichen" das Verhältniss zwischen Vater und Sohn gestört habe und spricht S. 591. von der List des Sohnes, „welche ihm von seinen gottesfürchtigen, rechtschaffenen Freunden eingegeben." Den Quellen entspricht dies nicht; ja Stenzel selbst lässt Heinrich V. gegen Ende 1106 an den Pabst geschickten Boten dieselben Verhaltungsmassregeln mitgeben, wie jener ersten verunglückten Gesandtschaft im Anfange des Jahres.

reichbare Ziele im Auge zu haben, erstrebt hatte; denn dass er dem Pabste nicht mit rückhaltloser Nachgiebigkeit entgegenzukommen gedachte, beweist nicht nur obige Mittheilung Eckehards, sondern auch die Zusammensetzung der Gesandtschaft selbst. Es zogen nämlich den Weg nach Rom Erzbischof Bruno von Trier, Bischof Otto von Bamberg, die beide voh Heinrich IV. ernannt waren, wenn sich gleich letzterer auch in Beziehung zum Pabste gesetzt hatte; ferner Heinrich von Magdeburg, dessen Weihe, wie wir gesehen, nicht dem Willen des Pabstes entsprach, und Eberhard von Eichstädt, noch nicht ordinirt; endlich Gebhard von Constanz, der, wenn auch Legat des Pabstes, doch dem Könige willfährig erschien.[1])

Während diese Gesandtschaft dem Süden zureiste, setzte Heinrich V. selbst seinen Königsritt fort, und zog aufs Neue nach dem Südwesten Deutschlands.

Beide Unternehmungen wurden nicht zu Ende geführt, sondern erlitten plötzliche Unterbrechung.

Mit Ausnahme Gebhards, der direkt seinen Weg nach Italien nahm, waren die Bischöfe, in ihrer Begleitung einige Laienfürsten, so Wiprecht von Groitsch, bis Trient gelangt; aber während sie hier übernachteten, überfiel sie beim Grauen des Tages ein Graf Adalbert, den die Bürger Trients unterstützten; sie wurden bewältigt, in Haft gesetzt und mussten, wie Eckehard als Augenzeuge meldet, unwürdige Behandlung erdulden, Otto von Bamberg allein ausgenommen, der Lehnsherr jenes Grafen war. Adalbert versicherte, nur auf Befehl des alten Kaisers so

---

1) Eckehard nennt in der ersten Redaktion ausser den fünf Bischöfen für die deutschen Stämme auch Guido von Chur für Burgund, der aber in den folgenden Redaktionen fortblieb, wohl weil Chur nicht zu Burgund gehört. Vgl. Eichhorn Episcopatus Curiensis p. 76. v. Mohr Cod. diplom. ad historiam Raeticam zu diesem Jahre. Uebrigens ist der Gedanke, dass die Bischöfe die Stämme vertreten, Eckehard wohl eigenthümlich, da er fälschlich Eichstädt zu Baiern rechnet. Vgl. Sax Geschichte von Eichstädt, ferner Nagel Origines domus Boicae, wo nachgewiesen ist, dass Bischof Eberhard Sohn Otto's von Schweinfurt ist.

zu handeln, benützte aber auch die gute Gelegenheit, um Geld und Lehen zu erpressen, besonders eben von dem Bamberger Bischofe. Dann verstand er sich dazu, den Erzbischof Bruno und Grafen Wiprecht frei zu lassen unter der Bedingung, dass sie zum Kaiser gehen, mit diesem verhandeln, seine Befehle zurückbringen sollten. Was diese dort erreichten, ob sie überhaupt zu Heinrich IV. gingen, wird uns nicht gemeldet, indem bald Herzog Welf die Gesandtschaft befreite, und nachdem er mit Waffengewalt die verrammelten Clausen gestürmt hatte, den Adalbert zwang, Genugthuung zu leisten, die Trientiner Bürger aber nöthigte, sich einem vom Könige ernannten Bischofe zu unterwerfen.[1]

Während so die Gesandten des Reiches an der Grenze deutscher und welscher Zunge unrühmliche Behandlung

---

1) Ausführlich schildert diese Vorgänge Eckehard als Augenzeuge. Vgl. Waitz, Vorrede. SS. VI. p. 8. Ausserdem haben wir zwei Briefe, die die Bamberger Kirche an einen Bischof A., den ich nicht zu deuten weiss, und den Herzog N. richtete. Letzteren hält Ussermann wohl richtig für den Herzog Welf. Cod. epist. Udalrici nro 282, 283. Ussermann Episcopatus Bambergensis C. prob. 59. Doch ist wohl zu beachten, dass der Brief den Herzog Welf nicht zu seinem Handeln bewogen haben kann, wenn die Nachricht Eckehards, dieser sei nach drei Tagen herangekommen, richtig ist. Was die Person des Adalbert angeht, so ist er vielleicht identisch mit jenem Grafen A. des Cod. epist. 210. vgl. Cod. Udalr. 210. und oben S. 45. Er wird derselbe sein, der 1110 als Vogt der Trientiner Kirche erscheint. Ughelli Ital. sacra V, 595. — Coronini tentamen genealog. Comit. Garitensium p. 89. hält ihn für einen Görzer Grafen, hauptsächlich, weil bei diesen der Name Adalbert sehr üblich ist und diese in Kärnthen eben Lehen der Bamberger Kirche hatten. Nach dem Briefe Cod. Ud. Nro 283 soll Adalbert von Otto von Bamberg 1000 Mansen verlangt haben.

Den zurückkehrenden Erzb. Bruno traf in Basel der Abt Thietmar von Helmwardshausen. Transl. S. Modoaldi SS. XII, 295. Abweichend die Nachricht der Ann. Coloniens. max. SS. XVII, 745., die Eckehards Aufzählung der Bischöfe zusetzen: Verum Heinricus Magdeburgensis episcopus et Bruno Treverensis iter suum incaute disponentes in Trendile intercepti sunt, sed non paulo post a captione soluti revertuntur.

erlitten, musste Heinrich V. und sein Heer im Elsasse erfahren, dass die stark werdende städtische Bevölkerung nicht mehr geneigt war, des Kriegers Bedrückungen zu erdulden.

Als nämlich des Königs Mannen in der Stadt Ruffach die Bürger übermüthig behandelten, wie es bei Heereszügen üblich sein mochte, da das Gebot, wornach Jeder während des Zuges für seinen Unterhalt sorgen musste, nicht gehalten wurde, da rotteten sich die Einwohner zusammen und erhoben sich gegen sie. Es entstand Handgemenge, bald ein grösserer Kampf, dessen Resultat, obgleich der König anstatt den Streit zu schlichten, seine Truppen anfeuerte, dennoch ein Sieg der Bürger war; ja sogar die Insignien des Reiches blieben in ihrer Hand, und erst nach Unterhandlungen gaben sie dieselben zurück, so dass ob dieses Ereignisses mit einem gewissen Rechte die Lebensbeschreibung Heinrich IV. ausruft: „O unglücklicher Ausgang, o Schmach des Reiches!" [1])

Und gleichzeitig, oder doch nur um wenige Zeit früher oder später trat eine neue Wendung der Dinge ein, die von der weittragendsten Bedeutung sein konnte und von

---

1) Für das Ereigniss in Ruffach ist die Vita Henrici einziger Zeuge. Eckeh. deutet es nur an. Auf diesem Zuge nach Burgund wurde auch das Urtheil Heinrich V. über den Streit zwischen Chaumouzey und der Abtissin von Remiremont gefällt. Seheri primordia Calmosiacensia. SS. XII, 336. Wenn Jaffé in der Vorrede besonderes Gewicht darauf zu legen scheint, dass Heinrich V. so devot gegen die Kirche sich hier gezeigt habe, während er später feindlich aufgetreten, so ist dagegen zu erinnern, dass so überschwengliche Phrasen, wie „certare pro defensione Romanae sedis" u. a. in jeder Zeit gesagt werden konnten. Die Urkunden, welche abgefasst werden während der Kaiser im Banne war, sprechen ähnlich. Der König sowohl wie Paschal unterstützt Chaumouzey, aber es ist zu bemerken, dass auch die Abtissin von Remiremont auf seiner Seite, nicht auf der des Vaters steht, dass also hier ein den grossen Verhältnissen analoger Gegensatz nicht existirt. Dagegen ist nicht einzuwenden, dass Seher das Schicksal seines Klosters hiemit in Zusammenhang bringt, er stand eben auf dem kleinlichen mönchischen Standpunkt: „Qui quidem adhuc bene catholicus necdum a Romana ecclesia aversus." p. 334.

Seiten Heinrich V. volle Aufmerksamkeit in Anspruch nahm: Heinrich IV. verliess plötzlich Ingelheim, bestieg ein Schiff und fuhr rheinabwärts nach Köln.[1]

Der Gedanke liegt nahe, diese drei Ereignisse, die Vorgänge in Trient und Ruffach und die Entfernung Heinrichs von Ingelheim in irgend einen Zusammenhang zu bringen, und in verschiedener Weise ist dies versucht worden. So hat man geglaubt, die That des Grafen Adalbert wäre erst später eingetreten als Heinrich IV. Unternehmen und erst durch dieses veranlasst[2], und die Vorgänge im Elsass dadurch erklärt, dass man behauptete, es hätten dort noch Anhänger des alten Kaisers von früherher unter den Waffen gestanden. Andere haben angenommen, Heinrich V. habe in dem Streite in Ruffach eine üble Gesinnung gegen sich vermerkt, es für bedenklich gehalten, dem Vater noch länger die Freiheit zu lassen, sei umgekehrt, ihn zu ergreifen, — da sei derselbe entflohen.[3]

Die Quellen geben nur vereinzelte Andeutungen. Was zuerst das letztere angeht, so sagt die Lebensbeschreibung allerdings, Heinrich V. habe geglaubt, das Unglück in Ruffach dem Vater zuschreiben zu müssen. Aber sie berichtet nicht, dass Heinrich IV. aus Furcht vor dem Sohne geflohen sei, sondern — und darauf ist wohl zu achten — sie übergeht dies völlig.[4] Betrachtet man nun ferner, dass sie selbst den Kaiser für völlig unbetheiligt hält, dass sie aber auch andererseits selbst die Entstehung des Streites in

---

1) Wir können nur das als wahrscheinlich bezeichnen, dass Heinrich IV. nach dem 5. Februar nach Köln kam, während das Ereigniss zu Trient in die erste Woche der Fasten fällt. 15. Febr. urkundet Erzbischof Friedrich von Köln. Lacomblet Ub. Nro. 268.
2) So Stenzel I, 498.
3) Die Ansicht Floto's II, 498. lässt gar nicht erklären, wie Heinrich V. glauben konnte, es sei ein Mittel gegen die „üble Gesinnung", den Vater gefangen zu nehmen. Musste das die Gemüther nicht noch mehr erbittern? Will man einen Zusammenhang annehmen, so muss man auch mit der Vita glauben, dass Heinrich V. den Aufstand für durch den Vater veranlasst hielt.
4) Vgl. Excurs III.

einer Weise darlegt, die am allerwenigsten eine principielle Opposition gegen Heinrich V. vorauszusetzen scheint, so muss doch jeder Gedanke daran wegfallen, es sei möglich, Heinrich V. habe an geheime Mitwirkung des Vaters in Ruffach geglaubt. Schwieriger ist es in Bezug auf die Nachricht Eckehards, dass Graf Adalbert sich auf den Kaiser berufen habe, zu einer bestimmten Ansicht zu gelangen.

Man kann zwar auch hier sagen, Adalbert habe durch die Erpressung der Bischöfe gezeigt, wie ihn selbstische Motive leiteten; aber wie ist dann zu erklären, dass Wiprecht und Bruno zum Kaiser abgeschickt werden? Es wäre am Ende denkbar, Adalbert hätte nur vorgegeben, der Kaiser stimme ihm bei, und hätte anscheinend grossmüthig die Boten nur desshalb abgeschickt, um Zeit zu gewinnen, die übrigen Bischöfe zu bedrängen. Es ist der unsichere Boden der Hypothese, auf dem wir uns bewegen; die Möglichkeit, dass Heinrich IV. in Verbindung mit Adalbert gestanden, kann trotz der Unwahrscheinlichkeit nicht bestritten werden. [1])

Mit diesen Dingen steht in Zusammenhang die Frage nach den Beweggründen, die den alten, ruhelosen Heinrich veranlassen mochten, sich von Ingelheim zu entfernen. Aehnliche Verschiedenheit der Auffassung, wie vorhin, herrscht auch hier. Die Briefe melden, es seien Getreue mit der Nachricht gekommen, der Sohn hätte die Absicht, den Vater gefangen zu nehmen, oder gar — so behauptet wenigstens der eine — zu tödten. [2]) Schon diese Abweichung wird uns etwas misstrauisch machen gegen die Wahrhaftigkeit, besonders da das Schweigen der Lebensbeschreibung Heinrich IV. über die ganze Flucht deutlich

---

1) Eckeh., 234. — idque sibi per legationes domni sui Heinrici eximperatoris demandatum comprobat. — Artibus quippe solitis idem Heinricus usus clam querelosis epistolis et nunciis quascumque poterat regni civitates et provincias impleverat — Letzteres ist in der gemässigteren Recension C. fortgelassen.

2) Floto II, 408. folgt dem Briefe an den Abt Hugo und hebt den schärferen Ausdruck des andern nicht hervor, wie p. 405.

zeigt, wie eine äussere Veranlassung kaum vorlag. Die genaueren Zeitangaben fehlen. Es muss dahingestellt bleiben, ob das Anrücken des Sohnes den Vater zur Flucht bewog, oder umgekehrt diese ersteres hervorrief; jedoch ist letztere Annahme wahrscheinlicher, da kein Grund zu erkennen ist, wesshalb Heinrich V. jetzt plötzlich seinen Vater der Freiheit hätte berauben wollen, den er bisher frei in Ingelheim gelassen hatte und weil Eckehard ausdrücklich die Flucht einer Sinnesänderung des Kaisers zuschreibt.[1] —

Es war wohl in der zweiten Hälfte des Monats Februar 1106, als Heinrich IV. in Köln anlangte, wo ihn die Bürger der Stadt freudig aufnahmen, ja ihn sogar feierlich einholen wollten, was er jedoch nicht gestattete.[2] Aber nicht lange verweilte er hier, er wandte sich westwärts und zog nach Lüttich, wo Bischof Otbert ihn mit königlichen Ehren in Empfang nahm.[3]

In verschiedener Weise schildern unsere Quellen die Politik Heinrich IV. während dieser Zeit. Es heisst, er habe nur als Privatmann in den lothringischen Gegenden verweilen wollen, Lüttich nur als zeitweiligen Aufenthaltsort betrachtet, sei entschlossen gewesen, bei etwaigem Anrücken des Sohnes weiter zu fliehen, und nur die eifrigen Bemühungen der treuen lothringischen Grossen hätten ihn an der Ausführung dieses seines Planes gehindert.[4] Hiemit scheint in gewisser Uebereinstimmung zu stehen, dass er in den Städten am Rhein, besonders in Köln, keine Vertheidigungsmassregeln trifft und, wie gemeldet wird, barfuss von dort nach Achen wandert. Aber andererseits behaupten gut unterrichtete Schriftsteller, dass die lothringischen Grossen unter einander in heftiger Feindschaft standen, dass eben der Kaiser sie versöhnt und dadurch

---

1) Die Ann. Hildesh. gehen auf diese Sache nicht ein.
2) Chron. S. Huberti Andag. SS. VIII, 629. Coloniam venit, sibi sollempniter volentibus procedere non consensit, indeque ut privatus nudis pedibus in asperrima hieme Aquisgrani palatium peraccessit.
3) Ann. Hild. III, 110.
4) Vita Heinr.

eine Partei, die ihn vertheidigte, gebildet habe. Der Bischof Otbert von Lüttich war in Streit mit dem Herzoge, dieser mit dem Grafen von Namur. Der Kaiser veranlasst den Bischof zur Nachgiebigkeit in gewissen Punkten, um den Herzog — es ist derselbe, den wir 1101 als hartnäckigen Empörer gegen ihn gefunden haben, der dann eben den Sohn zu seinem Auftreten veranlasst haben soll — in seine Interessen zu verflechten, ja die Lehen, welche Otbert in jener Zeit vergabte, werden gewiss theilweise dem Herzoge zu Gute gekommen sein;[1] auch Graf Gottfried von Namur söhnte sich mit dem Herzoge aus.[2] Und weiter! Selbst mit dem Grafen von Flandern, der sich 1102 erhoben hatte, hielt Heinrich IV. jetzt eine Zusammenkunft in Antwerpen ab[3] und scheint ihn wirklich für sich gewonnen zu haben.

---

1) Dass zuerst Otbert Heinrich IV. entgegenkam, erst später der Herzog von Niederlothringen sich ihm anschloss, lassen schon die Ann. Hildesh. 110. vermuthen: Ab episcopo et civibus est susceptus et consolatus. *Convocavit* ad se ducem Heinricum. Deutlicher das Chron. S. Huberti Andag. VIII, 629. Obertus — occurrit illi, secumque, ut erat vehementis animi, nimis temere nimisque imprudenter Leodium adduxit; quod se poenitere cum vellet non licuit. Nam praeter eius suorumque impensas gravabat eum permaxime provincialium principum ibidem convenientium assiduitas, quos et ipse ultro convocabat, ut subvenirent regi destituto, agens et donis et promissis ne confoederarentur filio. Ausführlich, und wie ich glaube, wahrheitsgemäss berichtet der mitten in den Ereignissen stehende Rudolf von St. Trond SS. X, 258. fg.: Accidit — ut Heynricus tertius Romanorum imperator augustus, traditis filio eque vocato Heinrico imperialibus insignibus abiectusque a regno iterum regnare moliretur. Er erzählt, wie der vom Herzoge dem Bischofe gegenüber begünstigte Abt jetzt durchdringt. p. 260.: Sicut superius tetigimus pro recuperando exorti sibi regni statu imperator Heinricus ibi anxie insudabat; et quia crudeli odio et gravissimus dissidebant inimicitiis episcopus et Heinricus dux, simul quoque Namucensis comes Godefridus comes et idem dux eos prius ad pacem et concordiam revocare imperator maxime laborabat, ut postea robur pacis eorum et concordiae esset ei spes et causa victoriae.

2) In den Ann. Col. max. XVII, 745. wird er als bei dem Kampfe bei Visé betheiligt erwähnt.

3) Rudolfi Gesta abb. Trudon. X, 260.: Jamque dies imminebat, qua comes Flandrensium imperatori occurrere Andeguerp debebat. Auf dem Wege dorthin übernachtete der Kaiser in St. Trond.

Diese Widersprüche in den Quellen können nicht bloss auf einer verschiedenen, etwa tendentiösen Auffassung und Darstellung der Schriftsteller beruhen, sie sind vielmehr, wie ich glaube, nur dadurch zu erklären, dass eben der Kaiser selbst eine schwankende Politik befolgt, sich weder für das Eine noch für das Andere bestimmt entschied.

Eben aus dieser Zeit stammen die öfter erwähnten Briefe an den Abt von Clugny, den französischen König; während er in dem ersteren seine Ergebenheit gegen Rom, seine Bereitwilligkeit nach des Abtes Rath zu handeln erklärt, klagt er dem Könige über die Behandlung, welche er von dem Legaten erlitten habe,[1]) und indem er einerseits vielleicht gerne sehen mochte, wenn man die Bewegung für eine durch die Grossen hervorgerufene hielt,[2]) veröffentlicht er dann wieder Manifeste, die den Entsagungsakt zu Ingelheim widerriefen, ihn als erzwungen, und desshalb ungiltig darstellten.[3])

Eben dies schwankende Verhalten musste die Schwierigkeit der Lage Heinrich V. bedeutend steigern, der so nicht recht wissen mochte, was er thun solle, ob ihm ein Angriff drohe, oder ob sein Vater nur für seine Person eine etwas freiere Bewegung wünsche. Das freilich konnte keinen Augenblick zweifelhaft sein, er selbst musste in jene lothringischen Gegenden hineilen, und er that dies auch ungesäumt. Aber wie dort auftreten?

Er schlug einen Mittelweg ein. Ein Heer nahm er mit sich; wie es scheint, bestand es aber nur aus den Mannen,

---

1) Vgl. Excurs. III.
2) So fasst der Sohn sie auf. Vgl. Gesta abb. Trud. X, 260. cum Heinricus de Limburg) *non tam dux, quam rex* esse videretur, utpote, qui regis erat patronus factus.
3) Eckeh. in der Recension C. VI, 234.: Artibus quippe solitis Heinricus usus, clam querelosis epistolis et nunciis quaecumque poterat regni civitates ac provincias impleverat, quibus se vim a principibus passum, immo ab unico filio depulsum imperio deplorabat.
4) Ann. Hildesh. 110.: Filius — nunciavit regni principibus ibidem (Leodii) convenire et placitum cum patre habiturum. Vgl. Vita Heinr. l. c. Eckeh. 235. Leodium — paschalem inibi curiam habiturus — convertitur.

die er gerade bei sich hatte; neue Truppen bot er nicht auf. Wirklichen Widerstand jedoch erwartete er gewiss nicht, indem er verkündigte, er wolle einen feierlichen Hoftag in Lüttich abhalten, sei es nun, dass er sich mit der Hoffnung trug, sein Vater würde sich entfernen, oder dass es ihm gelinge, ihn von weiterem Beginnen abzubringen. —

Der Zug den Rhein entlang nach Köln, wo der Erzbischof den König aufnahm und den Palmsonntag über bei sich behielt, scheint keinen Grund zu irgend welchen Befürchtungen geboten zu haben, da die Bürgerschaft von Köln, Jülich, Bonn, die doch dem Vater anhing, nicht dass wir wüssten, dem Sohne Schwierigkeiten in den Weg legte.[1]

Aber als eine Schaar von dreihundert Rittern dem Könige, der noch in Achen weilte, voraus über die Maasbrücke bei dem Städtchen Visé zog, da zuerst zeigte sich ernstlicher Widerstand. Diese Abtheilung verwickelte sich nämlich in ein Gefecht mit dem Sohne des Herzogs von Lothringen, wurde von dessen geübten Reitern geschlagen, so dass über zweihundert durch das Schwert oder in den Fluthen der Maas umkamen.[2]

Der Unfall, dessen materielle Bedeutung ja doch nur gering war, verbreitete nicht bloss Licht über den Ernst der Lage und zeigte, wie weit die Lothringer zu gehen entschlossen waren, er hatte auch bedeutende Folgen für die weitere Entwicklung der Dinge, indem Heinrich V.,

---

1) Eckeh. 235.: — post festum palmarum Coloniae cedentibus hostibus satis iocunde celebratum.

2) Ueber diesen Kampf sprechen sehr viele Schriftsteller. Die Zahl der Ritter gibt Eckeh. und Chron. Andag. VIII, 629. auf dreihundert an; Hermann von Tournay bei Achery ed. 2. II, 914. nennt fünfhundert und merkwürdiger Weise denselben falschen Tag wie die Vita Heinrici „die parasceve", wirft aber die Ereignisse durcheinander, lässt die Gefangenschaft des Kaisers erst später eintreten. Ann. Col. m. XVII, 745. geben die Zahl der Gefallenen auf zweihundert an. Vgl. ausser den bei Jaffé Geschichtschreiber der deutschen Vorzeit p. 38. gesammelten Stellen die Ann. Bland. SS. V, 27., die vom Heere des Vaters Einen Mann getödtet werden lassen. Ann. Rosenv. XVI, 103. Otto Fris. VII. cap. 12.

wohl weil die Truppen, die er bei sich hatte, nicht genügten,¹) den Gedanken, nach Lüttich zu ziehen aufgab und den Rückzug antrat; eine Massregel, die wenn er ein grösseres Heer bei sich hatte und entschlossen war, seine königliche Würde zu behaupten, ein schwerer politischer Fehler gewesen wäre.

Denn jetzt gewann die Partei seines Vaters eine viel grössere Ausdehnung; schon zwei Tage nach jenem Gefechte schloss Köln Heinrich V. die Thore, als er hier das Osterfest feiern wollte; er musste dies in dem kleinen Bonn thun.²) Und dann fing man an, eben jene Stadt, welche an Bedeutung die übrigen Städte des Niederrheins weit überragte, auf alle Weise für eine erspriessliche Vertheidigung zuzurüsten;³) nicht bloss, dass der Herzog, wie es scheint, geübte Truppen in dieselbe legte,⁴) — das Volk rings umher riefen Befehle des Kaisers sogar mit Drohungen zur Vertheidigung herbei.⁵)

---

1) Ann. Hild. sagen: Movit exercitum magnum. Und gerüchtweise sagt Rudolf Gesta abb. Trud. X, 290.: Quatiebantur muri totius civitatis et aecclesiae undosa imminentis belli formidine, quia ferebatur, verumque erat, filium imperatoris, Heynricum nomine, in manu robusta et indignatione maxima ad civitatem obtinendam properare. Ich folge Eckeh., der in der Recens. C. offen von der Unvorsichtigkeit Heinrich V. spricht, überhaupt aber stets gerade genaue Zahlenangaben macht „parva licet manu, ut coeperat ire, illo contendit." Das Wort der Ann. Hild.: Timuit (H. V.) ne inimici irruerent super eum, ist wohl übertrieben.

2) Eckeh. Ann. Hild. Vita Heinr.

3) Vita Heinr.

4) Ann. Hild.: Genus hominum, quos Gelduni vocant. Polain, histoire de l'ancien pays de Liège hält sie für die Gilden von Lüttich; wohl mit Unrecht!

5) Vita Heinr.: Sed et edictum (vgl. über dieses Wort Excurs. III.) sub *comminatione crudeli* ubique properabat. Die Ann. Hild.: Civesque illi *cum iuramento* urbem sibi custodire promiserunt. Diese beiden Stellen mit einander in Verbindung gebracht, lassen uns das Verhältniss ganz anders erscheinen. Diese Dinge werfen übrigens auch ein seltsames Streiflicht auf die von Floto gerühmte Anhänglichkeit des Volkes an Heinrich IV. Es ist ja richtig, dass wir in Mainz, Wirzburg, Regensburg, Köln, Trient die Bürger auf Seiten Heinrich IV.

Jetzt trat auch der alte Heinrich völlig entschieden dem Sohne entgegen, was er noch bisher gemieden zu haben scheint; er selbst begab sich nach Köln, um die Rüstungen zu leiten, er liess es nicht bloss geschehen, dass man ihn in Niederlothringen wieder als Kaiser betrachtete, er nahm auch selbst die Miene an, als ob er dem Sohne die Herrschaft entreissen wolle.¹)

Angesichts dieser so gross gewordenen Bewegung war es erforderlich, dass Heinrich V. seine Gegenmassregeln traf; er that dies, indem er, an seiner königlichen Würde festhaltend, die Vorgänge in Lothringen, wenn wir der Lebensbeschreibung Heinrich IV. glauben dürfen, als durch die dortigen Grossen hervorgerufen darstellte, die Fürsten gegen den Herzog Heinrich, den Bischof Otbert zum Kampfe aufforderte.²) Für einen Majestätsbeleidiger lässt er durch dieselben den Heinrich von Limburg erklären,³) spricht ihm das Herzogthum ab, und verkündet durch das ganze

---

finden, aber es ist zu erwägen, ob dies nicht mit der gleichzeitigen Opposition gegen die Bischöfe zusammenhängt. Heinrich liess die Bisthümer, wie Mainz längere Zeit oft unbesetzt; jedenfalls konnten die von ihm ernannten Bischöfe die Bürger nicht so in Abhängigkeit halten. In Nordhausen, vielleicht auch in Lüttich, wo Otbert streng regierte, finden Kundgebungen zu Gunsten des Sohnes statt. Aber Floto beehrt das Volk, falls es gegen Heinrich IV. auftritt, mit ehrenden Beinamen „der Pöbel, die Lumpen, die Rebellen;" es braucht nicht bemerkt zu werden, dass die Quellen derlei feine Nuancirungen in den untern Volksklassen nicht kennen.

1) Ann. Hild.: Iterum Coloniam revertitur. Vita Heinr. vergl. Uebersetzung von Jaffé 40.; dass *muniebat* beizubehalten, ist Exc. III. befürwortet. Die Vita Heinr.: *Nec abnuit, nec ad integrum consensit, providusque futuri praecipites eorum animos spe dubia suspendit.* In den Briefen lebt jedenfalls ein anderer Geist; vgl. Excurs II.

2) Vit. Heinr. lässt Heinrich V. sagen: Episcopus Leodiensis et dux Heinricus, de quorum fide et obsequii devotione multum praesumebamus, nobis latenter insidias posuerunt.

3) Eckeh. lässt dies in Bonn geschehen zu Ostern; er erwähnt gar nicht den Hoftag zu Worms. p. 236. Heinricum ducem iudicio optimatum reum maiestatis et hostem rei publicae ducatu privavit. Ann. Hild. geben Worms an und dieser Nachricht ist Floto II, 413. Stenzel I, 601., Köpke SS. X, 264. Anmerkung 54. gefolgt.

Deutschland einen Reichskrieg gegen Lothringen, zu dem er die Grossen sich durch Eide verpflichten lässt.¹)

Im Anfange Juli rückte Heinrich von Coblenz, wo er sein Heer gesammelt hatte,²) fort und stand wenige Tage später vor den Mauern Kölns, dessen Widerstand zu brechen vor Allem geboten schien, da man es fast die Hauptstadt Niederlothringens nennen konnte.³) An Versuchen, sie zu nehmen, liess es der König nicht fehlen, aber die muthigen, trotzigen Bürger schlugen seine Angriffe zurück. Mehre Wochen lag das Heer vor Köln; man hatte eine regelmässige Belagerung beginnen müssen.⁴)

Während dieser Zeit eröffnete Heinrich IV., der in Lüttich weilte, auf's Neue Verhandlungen mit seinem Sohne, die uns ziemlich vollständig überliefert sind und am besten die Stellung, welche beide gegeneinander einnahmen, erkennen lassen. Er schickte Gesandte in das Lager vor Köln, die zwei Schriftstücke überbrachten, einen Brief an den Sohn, einen andern an die Fürsten.⁵)

Eine scharfe, heftige Sprache lebt in beiden. Er ruft den Fürsten zu: „Gott dem Allmächtigen klagen wir und der heiligen Maria, unserer Herrin, dem Apostelfürsten Petrus, unserm Schutzpatron, und Euch Allen, Ihr Fürsten, dass wir ungerecht, unmenschlich und grausam behandelt worden sind, indem wir auf jene Treue, woran wir nicht hätten zweifeln dürfen, vertrauten, dass wir zu Schmach

---

1) Eckeh.: Generalem expeditionem contra Lotharingiam accepto a principibus sacramento per totum regnum indicit et praeparat. Vgl. Vita Heinr.

2) Vgl. Excurs. III.

3) Otto von Freising VII, 12.

4) Die Zeitbestimmung ist schwierig. Ann. Hild. lässt Heinrich V. erst post festum Petri et Pauli (Juni 29.) sein Heer sammeln. Eckeh. Mensi dehinc Junio iam fere mediante; beide lassen die Belagerung nur drei Wochen dauern. Nach Vita Heinr. wäre das Heer erst auf 1. Juli nach Wirzburg bestellt!

5) Eckeh. kannte beide, theilt aber nur den letzteren mit, p. 236. Der andere steht im Codex Udalr. Bab. Nro. 214. Obschon Stenzel I, 603. dies bemerkte, setzt Floto den Brief an den Sohn in den Februar. II, 409.

und Schimpf des Reiches gegen göttliches und menschliches Recht nicht bloss der königlichen Würde, sondern auch der Güter und alles Besitzes beraubt sind, so dass man uns völlig nichts, als das Leben übrig liess." Für das erlittene Unrecht, verkündet er, müsse ihm durch ihre Vermittlung Genugthuung werden.[1]) Auch den Sohn fordert er hiezu auf: „Unter Todesgefahren, heisst es, hast Du mir in der Gefangenschaft die Lanze, den Purpur und alle königlichen Insignien entwunden, kaum das Leben selbst geschont. Nicht genug können wir uns wundern, wie Du uns noch jetzt fortwährend verfolgen magst, da in Bezug auf den Pabst und die römische Kirche Dir kein Vorwand bleibt. Ich verkünde dem Pabst und der ganzen Kirche, dass ich bereit bin zu gehorchen, schuldigen Gehorsam und Ehrerbietung ihm zu erweisen." Ja er geht so weit, an den Pabst und die ganze Kirche Berufung einzulegen wider das Verfahren des Sohnes.[2])

Zweierlei ist es, was in diesem Briefe besonders bemerkenswerth ist; erstens, dass Heinrich IV. klar und deutlich ausspricht, wie er sich fortwährend als Kaiser betrachte, wie er keinen dringenderen Wunsch habe, als aufs Neue die Zügel der Regierung zu ergreifen, die Folgen des Ingelheimer Tages zu beseitigen; dann dass er erklärte, zur Aussöhnung mit dem Pabste die Hand bieten zu wollen, ja dass er die Miene annimmt, als ob diese schon so gut wie geschehen sei.

So wenig dies letztere nun der Fall war, so sehr die Erschütterung, welche das Reich durch Heinrichs neues

---

1) Eckeh. 237.: „Quomodo de iniuria in manibus vestris nobis illata per vos possimus recuperare iusticiam." Cod. Udalr.: — de his, quae nobis vi et iniuste abstulisti iusticiam facias. In captione vero quidquid residuum erat, etiam lanceam et chlamydem et omnia regalia insignia, ubi et timor mortis, ut bene scis, et omne ferme Christianitatis a nobis iam votum extorsisti, vix relicta ipsa vita.

2) Quod si nulla alia causa seu reverentia seu intercessio nobis valet, uti apud te iustitiam consequi possimus vel persecutionis impetus cesset, Romanum pontificem, sanctam et universalem sedem Romanam et ecclesiam appellamus.

Auftreten erlitt, Bedenken erregen mochte, unmöglich war es Heinrich V., dies Schreiben nicht zu beachten, den Vater wie jeden andern Feind des Reiches zu bekämpfen, da jeder weitere Schritt auf dem Wege der Strenge nur neue Schwierigkeiten hervorrufen konnte. So entschloss er sich zu einer gewissen Nachgiebigkeit. König und Fürsten liessen ein Schreiben an Heinrich IV. abgehen, das zuvor öffentlich verlesen wurde, und gewissermassen als Meinungsausdruck der ganzen Partei des jungen Königs betrachtet werden sollte.[1]) Es wird in demselben darauf hingewiesen, wie der Kaiser freiwillig in Ingelheim die Regalien zurückgegeben; jetzt zeige sich freilich, dass er dies nur sehr ungern gethan habe. Man beschuldigt ihn, er habe die Schwerter auswärtiger Nationen, der Gallier, Engländer und Dänen[2]) gegen die Deutschen angerufen. Um nun den Kampf zu meiden, wurde bestimmt, es solle binnen Kurzem eine neue Reichsversammlung stattfinden; gleich als ob bisher nichts entschieden wäre, wollte man die Sache Heinrichs und seines Sohnes im Fürstenrathe in Gegenwart des Volkes verhandelt sehen, man erbot sich, dem Alten jegliche Sicherheit, die er verlange, zu gewähren, damit er zu erscheinen kein Bedenken trage.

Zwei einfache Priester, Albuin und Riwin, mit ihnen in Laiengewand noch einige Geistliche, keinen Bischof, keinen Fürsten des Reiches schickte man mit dieser Botschaft zu Heinrich IV. Nicht eben zuvorkommend wurden sie aufgenommen, ja es heisst, dass sie mehre Tage in Haft gehalten wurden, bis das Volk sie befreit haben soll.[3]) Dann schickte man sie zurück ohne Geleite, Heinrich IV. liess die Fürsten auffordern, jetzt das Heer zu entlassen, später solle dann ein Reichstag stattfinden.[4])

---

1) So Eckeh. 238.: — tam a rege quam universis principibus immo toto exercitu susceptam.

2) Hiervon wissen wir sonst gar nichts; es ist allerdings möglich, dass durch den Grafen von Flandern Beziehungen zu England existirten.

3) Eckeh.

4) Stenzel I, 604. hat ganz richtig gesehn, dass die Worte Eckehards „responsa referentes, quatinus ad praesens ab armis discederetur et in

Gewiss, diese Worte in des alten Kaisers Munde, die nur bestimmt schienen, die Sache in die Länge zu ziehen, sie liessen dem Gedanken an friedliche Ausgleichung wenig Raum, besonders da gleichzeitig mit dieser Antwort das Heer der Lothringen sich in jeder Weise zu verstärken suchte.[1])

Immer nothwendiger wurde es für Heinrich V., zu handeln oder nachzugeben; bei dem bestehenden Zustande konnte es sein Bewenden nicht haben. Ohne irgend erheblichen Erfolg hatte er mehre Wochen in der Hitze des Sommers vor Köln gelegen; noch immer war keine Hoffnung vorhanden, die Stadt zu nehmen, vielmehr hatte des Königs Heer durch Krankheit manchen Mann verloren. Da entschloss sich derselbe, die Belagerung aufzuheben und seinem Vater nach Achen entgegen zu ziehen.

Die Entscheidung drängte; eine letzte Gesandtschaft ging an Heinrich IV. ab, die Achen als Ort, als Termin der Versammlung acht Tage verkünden sollte.[2]) Wieder soll sie hingehalten sein; dann kam ein Brief des Kaisers, worin er die Forderung, die Waffen abzulegen, wiederholt, auch eine längere Zeit bis zur Versammlung verlangt und eine Anzahl von Fürsten namhaft macht, deren Anwesenheit erforderlich sei, meist solche, deren Erscheinen nicht wohl zu erreichen war.[3])

---

futurum super huiusmodi si multatibus curiale colloquium indiceretur." sich nicht auf die uns erhaltene Botschaft beziehen, wie dies aus dem Briefe Heinrich IV. bei Urstisius p. 399. deutlich hervorgeht. Floto II, 416. richtet nur neue Verwirrung an, indem er den uns erhaltenen Brief bei Urstisius gleich für eine Antwort auf das Manifest des Sohnes hält.

1) Eckeh.

2) Floto lässt das schon früher geschehen, citirt dazu auch Eckeh., während es nur in dem Briefe Heinrich IV. steht. Placuit vobis remandare unde nobis longe gravior priori oritur querimonia. quod dimissa obsidione Coloniae vultis super nos et fideles nostros sub specie colloquii cum exercitu equitare datis induciis octo dierum.

3) Dieser Brief ist gedruckt bei Urstisius p. 399. und bei Trouillat, monuments sur l'ancien évêché de Bâle I, p. 495. Besonders auffallend ist, dass keineswegs alle diejenigen Grossen, deren Anwesenheit er forderte, ihm anhingen. Von Erzbischöfen nennt er den

Die Möglichkeit einer friedlichen Lösung des Zwistes durch ein Urtheil der Grossen schwand immer mehr dahin; das Schwert allein schien bestimmt eine Entscheidung herbeizuführen.[1]

Mainzer Rudhard, der sein entschiedener Gegner war, den Trierer, der als Gesandter Heinrich V. nach Rom geschickt war; nur der Bremer war vielleicht für ihn.

Ebenso wenig sind die Bischöfe von Freising, Augsburg, Chur und Basel als des Kaisers Anhänger zu erweisen. Von Guido von Chur wissen wir, dass er mit nach Italien zog; die Stellung des Basler scheint geschwankt zu haben, da ihm, als burgundischem Fürsten entschiedene Parteinahme ferner lag. Er stand in Beziehungen zu Hugo von Clugny und urkundet 10. April regnante Romanorum imperatore Heinrico IV. et filio eius rege Heinrico V. Dass er zu einem deutschen Reichstage berufen werden konnte, ist nicht auffallend. So ist er auch bei der Wahl Lothars anwesend. Narrat. de elect. Lothar. SS. XII, 510. Vgl. Ficker, Reichsfürstenstand Nro. 132, 210.

Von Laienfürsten werden gefordert der Herzog von Böhmen und Oberlothringen; letzterer hatte schon dem Sohne Hoffahrt geleistet. Seheri Primord. Calmosiac. XII, 336. Herzog Magnus lag todtkrank darnieder und starb bald nachher. Der Graf von Flandern hing ihm zwar an, mochte aber doch nicht geneigt sein, zu erscheinen, da er sich so gern als selbstständigen Fürsten dahinstellte. Vgl. Ficker, Reichsfürstenstand Nro. 6. Und vollends nicht der Graf Wilhelm von Burgund. Vgl. Trouillat Monum. de Bâle. 148.

1) Floto II, 417. sagt: „Mit ihrem ermatteten Heere über die Maas zu gehen und die Lothringer anzugreifen, konnten sie nicht wagen — und ihre Sache stand daher sehr misslich." Es ist gewiss recht dramatisch, seinen Helden gerade in dem Augenblicke sterben zu lassen, wo ihm, der in seinem Leben so manches erstrebt, wenig erreicht hatte, noch einmal das Glück winkte. Floto macht es ähnlich wie die Vita Heinrici; vgl. Excurs III. Aber er kann für sich nur die Worte der Recens. II. der Ann. Col. max. „Heinricus territus aufugit" anführen. Diese aber ist so von lokalem Kölner Patriotismus erfüllt, wie besonders die Erzählung zu 1114 zeigt, dass dies ja ohnehin späte Zeugniss jeden Glauben verliert. Der Enstorfer Codex weiss nichts von diesen grossen Heldenthaten. Trotz der vielen Verluste vor Köln, war das Heer des Königs gewiss noch den Lothringern gewachsen; wenigstens sahen sich diese veranlasst, das Land östlich der Maas aufzugeben, wie das Verbrennen der Schlösser Limburg und Reifferscheidt beweist. Dux Heinricus Lothringiae *metu venientis exercitus* presidia sua Lintburg et Reyfferscheidt ipse concremat. Ann. Col. m. Rec. I. SS. XVII, 746.

Da trat eine Wendung der Dinge ein, welche Niemand ahnte, ahnen konnte. Der Kaiser wurde ernstlich krank, nach wenigen Tagen brach seine Todesstunde herein.

Jetzt auf dem Sterbelager zeigte der alte Heinrich versöhnlichere Gesinnung, sowohl gegen den Pabst, als seinen Sohn; an beide ordnete er Boten ab, liess Heinrich V. Schwert und Ring überbringen, ihn bitten, derer zu schonen, die treu bei ihm ausgehalten, seine eigene Leiche aber in Speier an der Seite der Ahnen beizusetzen.[1]) Dann beichtete er, nahm mit grossem Vertrauen die heilige Wegzehrung und entschlief.[2])

Die Gefahr, welche Deutschlands Entwicklung bedrohte, indem zwei Herrscher sich feindlich gegenüber standen, war beseitigt. Hätte Heinrich IV. länger gelebt, so kam es voraussichtlich zum Bürgerkriege, oder zu einem Urtheile der Fürsten über die Ansprüche des Vaters, des Sohnes; auch das letztere ein Unglück für die Machtstellung des Königthums! Nur durch unerhörte Demüthigung vor dem Pabste, dem er so oft sein Versprechen nicht gehalten, vor den Fürsten, hätte es dahin kommen können, dass Heinrich IV. wieder die Krone erlangte; durfte in diesem Falle noch an die Nachfolge Heinrich V. gedacht werden? Aber auch wenn, wie wahrscheinlicher, die Fürsten sich für Heinrich V. erklärten, musste eben durch ein solches Urtheil der Grossen, das in Ingelheim durch die Gefangenschaft des Kaisers vermieden war, deren Macht ins Ungemessene steigen, die des Königthums sinken.

---

1) Ann. Hildesh. 111. vgl. Ann. Bland. SS. V, 27. vgl. Floto 417. Anmerkung.

2) So haben es Augenzeugen unserem Eckehard erzählt. Rec. D. E. vgl. zum Jahre 1111. p. 245. Vita Heinr. sagt gleichfalls: „er schämte sich nicht, seine beschämenden Verbrechen öffentlich zu beichten und nahm mit Herzensgier die Speise des Frohnleichnam". Trotz dieser Zeugnisse sagt Damberger p. 507.: „Der Schleier des *Geheimnisses* decket die Umstände seines Todes, von christlicher Bereitung ist keine Rede; tolle Verwirrung herrschte, das ist gewiss, in Lüttich, ob welcher ihn Grauen erfassen mochte." Leider hat der Verfasser diese Stelle im Kritikhefte nicht besprochen, uns nicht gesagt, wie er zu diesem den Quellen entgegengesetzten Resultate gekommen ist.

Ist es nun freilich zu diesem Schlimmsten nicht gekommen, so werden wir doch sagen müssen, dass auch die bisherige Entwicklung der Verhältnisse hingereicht hat, das, was Heinrich IV. durch die Erhebung der Söhne bezweckt hatte, nämlich der Fürstengewalt einen Damm zu setzen, die Machtstellung des Königthums zu befestigen, völlig zu vereiteln. Die Grossen hatten gesehen, wie die eigenen Söhne ohne den Vater herrschen zu können glaubten, wie dann beide Parteien, um sich zu behaupten, ihre Unterstützung bedurften; konnte dies dazu dienen, der Fürsten Treue zu befestigen, in ihnen das Bewusstsein zu erhalten, dass das Königthum allein es sei, von dem sie selbst abhingen?

Und so ist es der Fürsten Gewinn, dass nach der stürmischen Regierung Heinrich IV. endlich noch ein Zwiespalt in der königlichen Familie hervortrat. Sind die Worte, welche Heinrich V. in den Mund gelegt werden: „Die Verwerfung des Einen Hauptes, sei es auch des höchsten, ist für das Reich ein Schaden der sich ersetzen lässt, der *Fürsten* Beschimpfung aber ist des Reiches Untergang" nicht von ihm wirklich ausgesprochen; eine gewisse Wahrheit, ein Gefühl von der damaligen Lage der Dinge liegt ihnen dennoch zu Grunde.

Excurs I.

Das angebliche Bestreben Heinrich IV., nach dem Tode Wiberts von Ravenna Gegenpäbste aufzustellen.

Es ist oben darauf hingewiesen worden, wie auf den Reichstagen, die in den Jahren 1099—1103 von dem Kaiser Heinrich IV. abgehalten wurden, sich die Versprechungen desselben, eine Versöhnung mit Rom anstreben zu wollen, wiederholen.

Ueber die Aufrichtigkeit derselben sind die Meinungen getheilt; jedenfalls aber ist der Ansicht Stenzels (I, 575.) dass der Kaiser sich ernstlich bemüht habe, Frieden mit dem Pabste zu schliessen, nicht zuzustimmen; man kann doch, will man auch nicht gerade behaupten, Heinrich IV. habe Entgegengesetztes im Sinne gehabt, höchstens sagen, er habe Aussöhnung versprochen, habe aber nicht die Kraft oder den Muth gehabt, in dieser Beziehung Schritte zu thun. Für die Frage, welches von beiden der Fall gewesen, ist es nun von der entschiedensten Wichtigkeit, wie der Kaiser sich zu den Gegenpäbsten verhielt, die nach Wiberts Tode aufgestellt wurden. Wäre es erweislich, dass er ihre Erhebung veranlasst habe, so fiele auf ihn der schwere Vorwurf, ein unverantwortliches Doppelspiel getrieben zu haben.

Während nun Damberger[1]) sich zu letzterer Ansicht hinneigt, freilich ohne jegliche Begründung, vertritt Floto[2])

---

1) Synchronistische Geschichte VII, 496.
2) II, 382.

die entgegengesetzte mit gewisser Zaghaftigkeit im Texte, entschiedener in einer Anmerkung. Gewiss ist eine neue Untersuchung der Frage von Interesse.

Auszugehen ist von der Nachricht des Abtes von Aura, welcher in der ältern Redaction seiner Chronik zu 1102 sagt:

„Constat tamen nec ipsum iuxta placitum venisse nec nuncia dignitati apostolicae subiectionem profitentia misisse. Nec hoc latet, quod alterum papam ipsi domno Pascali superponere, si fieri posset, conatus sit, nec profecerit." [1])

In der späteren Recension seines Werkes ist diese ganze Stelle fortgefallen, was natürlich die frühere Nachricht nicht entkräften kann. So viel ist gewiss, dass Eckehard es zwar nicht als absolut gewiss hinstellt, dass Heinrich IV. Schritte zur Aufstellung des Gegenpabstes gethan habe, jedenfalls aber selbst diese Ansicht hegte.

Wie verhalten sich dazu die übrigen Quellen?

Die deutschen Schriftsteller schenken den drei Päbsten, welche Paschal gegenüber als ephemere Erscheinungen erhoben wurden, weniger Aufmerksamkeit, während Wiberts Name, mochte auch zuletzt die Zahl seiner Anhänger sehr zusammen geschmolzen sein, doch nicht ganz von ihnen vergessen wird, da er einst von grösserer Bedeutung gewesen war.[2]) Jene dagegen kannte man fast nur innerhalb Roms Bannmeile. Daher werden die italienischen Quellen[3]) vor Allem betrachtet werden müssen und hier sind denn von

---

1) So eben kömmt mir das Buch von Watterich: Pontificum Romanorum Vitae. zu. Bd. II, p. 23. ist unsere Stelle gross gedruckt und Watterich bezieht sie in der Anmerkung auf den Bischof Albert von Sabina. Es ist wohl kaum nöthig darauf hinzuweisen, wie unangemessen bei der Edirung von Quellenschriften solches Hervorheben von einzelnen Stellen ist, die etwa nach dem subjektiven Ermessen des Herausgebers besondere Beachtung verdienen.

2) Bezeichnend ist, dass die Annal. Laubienses SS. IV, 21. sagen: Obiit Wibertus papa, qui et Clemens; Rainerus, qui et Paschalis succedit.

3) Eine lothringische Nachricht in den Annalen von St. Blaise hat uns ein neidisches Schicksal entzogen. SS. II, 250.

besonderer Bedeutung die Annales Romani; einige Notizen bietet der Liber pontificalis;¹) ausserdem geben uns einige Briefe Paschal II. Aufschluss und das Excerpt eines Briefes Werners von Ankona, des Markgrafen, eines frühern deutschen Reichsministerialen, das Sigbert von Gembloux uns bewahrt hat.

Betrachten wir, was uns diese Nachrichten mittheilen! Die geringste Bedeutung hatten die beiden ersten Afterpäbste; der Bischof Dietrich von Albano gelangte eben so wenig wie der Bischof Albert von Sabina dazu, auch nur einen neuen päbstlichen Namen anzunehmen. Von beiden können wir nachweisen, dass sie von einer römischen Faktion erhoben worden sind. Annal. Roman. SS. V, 477. electi ac consecrati fuerunt a clero et populo, qui ex parte Clementis fuerunt. Ging also die Erhebung nicht von Heinrich aus, so geschah auch von seiner Seite, so weit wir sehen, nichts, sie nachher zu unterstützen. Eine Stelle der Annales Rom. deutet freilich darauf hin, dass wenigstens Dietrich sich als mit dem Könige verbunden betrachtete, „egressus de hac urbe ut pergeret *ad regem.*" Aber nichts weist darauf hin, dass Heinrich ihm Unterstützung versprochen hatte, ja es ist nicht zu erweisen, dass unter dem Worte „König" nicht Konrad zu verstehen sei, der damals noch in Italien regierte und dessen Stellung vielleicht grade zur Zeit, als er mit Mathilde zerfallen, nicht so entschieden zu Gunsten Paschals war. Jedoch ist über alles dies so wenig überliefert, dass man unmöglich eine bestimmte Ansicht gewinnen kann.

Auch der zweite Pabst Albert hat nicht in Beziehungen zu Heinrich gestanden, so weit wir sehen. Die Ann. Romani sagen, dass Paschal Geld an einen gewissen Römer Johann zahlte, damit dieser ihm seinen Beistand entziehe. Die römische Partei, welche ihn erhob, erscheint als seine einzige Stütze.

---

1) Als Pandulf von Pisa bei Muratori SS. III, 355. jetzt bei Watterich Pontificum Romanorum Vitae II, 4. Vgl. Jaffé Reg. p. 519—521.

Die Darstellung Eckehards gewinnt somit durch die römischen Nachrichten keine Unterstützung, wenigstens was die Erhebung der ersten Päbste angeht, auf die seine Nachricht zum Jahre 1102 sich allein beziehen könnte.

Gehen wir über auf den dritten Pabst Maginulf, den Erzpriester von St. Angelo, der wenigstens zu einiger Bedeutung gelangte und als Pabst den Namen Sylvester annahm. Sein Ruf drang auch über die Alpen, zwei noch erhaltene lothringische Chroniken erwähnen ihn [1]), überhaupt sind die Quellen über ihn reichhaltiger. Eckehard sagt: die Erhebung sei von dem Markgrafen Werner von Ankona ausgegangen und die Mitwirkung der römischen Faktion lässt er auch nur durch Bestechung von Seiten Werners bewirkt werden und er nennt den Maginulf „den Pabst des Kaisers".[2]) Mit ihm in gewisser Uebereinstimmung schreibt die Chronik von Fossa nova die Wahl dem Werner zu.[3])

Aber andere und, wie ich glaube, mehr ins Gewicht fallende Nachrichten stellen die Dinge anders dar. Zuerst die Römischen Annalen: In der Marienkirche zu Rom wählen den Maginulf die Cleriker und Laien, welche Gegner Paschals waren. Es werden die römischen Grossen als diejenigen bezeichnet, welche die Verschwörung angestiftet haben. Von diesen wird dann erst durch Boten der Markgraf Werner herbeigerufen, ihnen seine Unterstützung zu leihen; ungesäumt kommt Werner ihrem Wunsche nach und da sieht sich Paschal genöthigt, sich zu entfernen.

---

1) Jaffé Regesta Pontif. p. 520. hat alle bezüglichen Stellen gesammelt.
2) SS. VI, 234. Werinherus quidam ex ordine ministerialium regis, qui marchae, quae in partibus est Aquinae, praeerat, collectis undicumque per Italiam copiis, corrumptis quoque multa pecunia Romanis nonnullis, dum domnus apostolicus Beneventanis immoratur finibus, quendam pseudoabbatem de Farfara kathedrae S. Petri imposuit et ipsum papam Caesaris sub vocabulo Silvestri appellari voluit.
3) Jaffé Reg. Pont. 520.

Die Richtigkeit dieser Mittheilung wird durch einen Brief des Pabstes Paschal [1]) bestätigt. Auch hier wird angegeben, dass Römer den Werner zu Hülfe gerufen; dann werden seine Erfolge geschildert. Aber dieser Brief deutet nicht an, dass Heinrich IV. in irgend einer Weise dabei betheiligt war; wäre diess wirklich der Fall gewesen, so hätte Paschal wohl nicht unterlassen, dies zu bemerken. Paschal scheint dies demnach nicht vorauszusetzen.

Ausserdem besitzen wir über diese Sache eine Mittheilung Sigberts von Gembloux, [2]) die, wie er sagt, ein Excerpt eines Briefes eben jenes Markgrafen Werner an Heinrich IV. ist. [3]) In diesen Nachrichten tritt die Thätigkeit Werners völlig zurück, er wird nur einmal als mitwirkend erwähnt, dagegen tritt die Thätigkeit der Römer mehr hervor. Ist nun allerdings aus Sigberts Mittheilung zu entnehmen, dass Werner ein Interesse bei Heinrich IV. für diese Dinge voraussetzte, so darf man andererseits aus dem Mangel jeder Erwähnung von etwaigen Befehlen des Kaisers schliessen, dass solche nicht vorlagen, wie es denn überhaupt wahrscheinlich ist, dass dieser bei seiner Lage kaum Zeit und Lust hatte, noch auf italienische Verhältnisse seine Thätigkeit auszudehnen.

So zeigt sich, dass eine directe Einwirkung Heinrich IV. auf die Erhebung von Gegenpäbsten in keiner Weise nachgewiesen werden kann; damit ist freilich das Gegentheil noch nicht bewiesen, und wir werden uns begnügen müssen, zu sagen, dass überwiegende Gründe gegen eine Mitwirkung des Kaisers sprechen.

---

1) Jaffé 4515.
2) SS. VI, 368.
3) Floto II, 382. nennt es einen Brief, was unberechtigt ist, da der briefliche Charakter so völlig verschwunden ist, dass von Werner in der dritten Person gesprochen wird: Berto eum (Maginulfum) inde extraxit et ad Wernerum principem Anconae — adduxit. Wenn Sigbert nicht bemerkte, dass seine Mittheilungen einem Briefe entnommen seien, so würde uns nicht einfallen, dies zu vermuthen.

Excurs II.
Die Briefe Heinrich IV. an den König von Frankreich und den Abt von Clugny.

Für das interessanteste Ereigniss dieser Jahre, die Gefangennahme des Kaisers durch den Sohn bei Coblenz, seine Haft in Böckelheim und den Ingelheimer Reichstag sind unsere Quellen nicht bloss die gleichzeitigen Schriftsteller, sondern wir haben auch von dem Kaiser selbst Mittheilungen darüber, und zwar, wenn man von der kurzen Erwähnung jener Dinge in einem Manifeste an die Fürsten absieht, vorzüglich in zwei Briefen desselben an den Abt von Clugny und den französischen König. Auf eine genaue Prüfung derselben wird es vor Allem ankommen, wenn man den Thatsachen auf den Grund gehen will.

Zuerst sei es erlaubt, gegen die Willkührlichkeiten Dambergers[1]) Protest einzulegen, der mit schnellem Urtheil die beiden Schriftstücke für Schulmeisterexemplare erklärend, diese Denkmale an Werth bedeutend herabsetzt. Was aber führt er zur Begründung seiner Ansicht an? Ihm missfällt die Ueberschrift, welche der eine Brief bei Urstisius (I, 396.) trägt „Heinricus rex regi Celtarum,"[2]) die, wie es scheint, auf die Worte Ottos von Freising VII, 12. „ad regem Celticae, qui Francorum dicitur" zurückzuführen ist. Aber er übersieht völlig, dass schon Sigbert von Gembloux uns diesen Brief mittheilt, dass diese Ueberschrift dort fehlt und also als späterer Zusatz gar nichts beweist. Noch schwächer sind seine Anfechtungen gegen den zweiten Brief: „Stenzel bemerkt, dass der folgende Brief nicht von Heinrich IV. sondern von Heinrich III. geschrieben sei", und mit einem schnellen „sufficit" ist auch er verurtheilt

---

1) Kritikheft S. 94.
2) Dagegen rügt Damberger mit Recht, aber nur um die falschesten Folgerungen daraus zu ziehen den Titel bei Mansi XX, 1202.: Henricus imp. aug. *Ludovico* regi Francorum — während Sigbert richtig sagt, der Brief sei an Philipp gerichtet. Floto II, 405. nimmt unrichtig ersteres an.

und so der willkürlichen Darstellung Dambergers freie Bahn geöffnet.¹)

An der Echtheit der beiden Briefe zu zweifeln, scheint mir durchaus kein Grund zu sein. Allein es ist noch eine wichtige Frage zu stellen, bevor wir sie als Quellen historischer Erkenntniss benutzen, nämlich, ob sie die Wahrheit wirklich mittheilen *sollten?*

Die Briefe sind geschrieben, als Heinrich IV. den Akt der Thronentsagung, den er darin erzählt, widerrufend, aufs Neue sich eine selbstständige Stellung im Reiche zu schaffen versuchte. Ihr Zweck ist, Freunde zu gewinnen und zu erhalten; den König von Frankreich will er bewegen, ihm eine Zufluchtsstätte zu gewähren, den Abt von Clugny dagegen, der sein Pathe war, suchte er in Verbindung mit sich zu erhalten. Wir werden bei dieser Lage der Dinge gewiss einiges Misstrauen hegen und fragen dürfen, ob nicht etwa die Schilderung an zwei in ihrer Parteistellung sehr verschiedene Personen und noch dazu aus einer Zeit, wo Heinrich IV. den Dingen eine neue Wendung gegeben hatte, verschiedenen Charakter tragen.

Ist dies von vorneherein zu erwarten, so ergibt eine genaue Prüfung der beiden Briefe einen noch tieferen Unterschied, indem nicht einmal die Thatsachen in gleicher Weise gemeldet werden. Schon in Bezug auf die Coblenzer Zusammenkunft findet sich eine Abweichung:

an Hugo.	an Philipp.
— Moguntiam illuc nos ipse duceret omni certitudine securitatis cum principibus, quanto fidelius posset de *honore* nostro sollicite tractaret.	in presenti nativitate se perducturum me Moguntiam et ibi de *honore et reconciliatione* mea, quam fidelius posset, se acturum.

---

1) Auf eine andere Ansicht Dambergers VII, 582., wonach „das Schreiben nicht abgesandt sei, vielleicht blosser Aufsatz geblieben oder eine Fiktion des Lügners, der das s. g. Leben Heinrichs IV. mitleidswerth niederschrieb" sei, gehe ich nicht ein, da dies in keiner Weise begründet ist. Wie leichtsinnig der Verfasser in seinen Urtheilen ist, zeigt schon dies eine, dass er hier den Brief an Hugo ziemlich für echt hält, den er im Kritikheft verwirft.

In dem Briefe an den Clugnyer Abt, sehen wir also, wird nur das Verhältniss im Reiche, nicht aber das zur Kirche hervorgehoben, obgleich es doch auch hierauf zur Beurtheilung der ganzen Verhältnisse angekommen wäre.

Auf ein zweites darf wohl nicht zu viel Gewicht gelegt werden; darauf, dass sich auch bei Erzählung des Zuges von Coblenz rheinaufwärts eine kleine Verschiedenheit findet. Nach beiden Briefen empfing der Kaiser eine Meldung, dass Verrath von Seiten des Sohnes drohe. Aber, während in dem Briefe an Hugo nur gesagt wird, dass dieser davon hört, erzählt der andere Brief, der Sohn sei grade vorausgezogen, als die Warnung statt fand, worauf ihn der Kaiser zurückrufen liess.

an Hugo.	an Philipp.
Cum autem essemus in media via, nuntiatum est nobis privatim quod traderemur. *Hoc cum ipse sciret, nobis relatum esse,* coepit iurare et detestari. —	— filius meus aliquantulum processerat me; cum quidam fideles mei occurrentes, verissime affirmabant, me deceptum ac proditum sub falsa pacis ac fidei sponsione. *Revocatus* autem filius meus et iterum instantissime a me admonitus. —

Das wesentlich [1]) Verschiedene aber liegt in der Erzählung über die Ingelheimer Versammlung. Dem weltlichen Herrscher schildert er dieselbe in folgender Weise: Er wird nach Ingelheim geführt; man verlangt von ihm Verzicht auf das Reich, dies geschieht. Aber das bisherige ist nur ein Vorspiel zu dem Auftreten des päbstlichen Nuntius gegen ihn; er wird nicht undeutlich als Anstifter der ganzen Behandlung des Kaisers bezeichnet [2]) und besonders heftig beschuldigt. Der Legat verlangte, so heisst es, von dem Kaiser das Bekenntniss, dass er sich gegen

---

1) Floto II, 405. macht schon eine Bemerkung, wie die Intensität der Drohungen gegen Heinrich IV. zu Böckelheim in den beiden Briefen nicht gleich ist.

2) Eiusdem apostolicae sedis legatus, qui ibidem aderat, non dico, qui haec omnia ordinaverat.

die römische Kirche vergangen habe; dagegen vertheidigt sich dieser; er ist bereit sich auf einer Reichsversammlung in praesentia omnium principum zu verantworten, bietet von des Reiches Fürsten, seinen Getreuen, als Geisseln an, welche der Legat wolle. Und als dann Heinrich IV. fragte, ob Verzeihung und Lösung vom Banne sein Bekenntniss belohnen würde, da soll der Legat geantwortet haben: Wenn er absolvirt sein wolle, so möge er nach Rom gehn und dem römischen Stuhl Genugthuung leisten! Diese Aufforderung erscheint als eine solche, die jede Verständigung ausschloss, und hiemit lässt unser Bericht denn auch die Verhandlung enden.

Wie ganz anders, als dieser Brief an den weltlichen Herrscher, bei dem der Kaiser wohl verwandte Saiten durch die Klagen über die Herzlosigkeit und Anmassung des Legaten zu berühren hoffen mochte, lautet das Schreiben an den frommen Priester, den Abt von Clugny, der jetzt schon ein halbes Jahrhundert mit Klugheit und Geschick sein so bedeutendes Kloster durch alle Gefahren hindurch gebracht hatte, die demselben drohten. Hier ertönen keine Klagen über den Legaten, die bei Hugo nicht gute Aufnahme finden konnten. Von seiner Anwesenheit hören wir nur ganz beiläufig: „praesente nuntio papae." Alle Schuld fällt hier auf die „adversarii", nicht einmal hauptsächlich auf den Sohn, sondern auf des Reiches Fürsten. Im Namen des Reiches „pro imperio" wird ihm, dem Kaiser hier erklärt, dass er sich nicht rechtfertigen dürfe, während er keinen sehnlicheren Wunsch hat, als dies jetzt zu thun; erst als ihm dies verweigert, bittet er, dass man die Vorwürfe verschiebe, bis er sich in Rom in Gegenwart des römischen Clerus und Volkes rechtfertigen könne. Die Antwort ist, nur indem er auf die Krone verzichte, könne er von seiner Gefangenschaft befreit werden. Als dies dann der Kaiser nothgedrungen thut, hat die Verhandlung ein Ende.

Man wird bemerken, dass also hier grade das, was der Legat nach dem andern Briefe von Heinrich verlangte, als ein Wunsch des letzteren dargestellt ist. Hier dreht sich die ganze Verhandlung von Ingelheim um die Frage nach dem Throne, während diese dort als gleich zu Anfang erledigt erwähnt wird, dann aber das Verhalten des päbstlichen Nuntius in das grellste Licht tritt. Die wichtigsten Vorgänge sind also in den beiden Briefen in verschiedener Weise dargestellt, und es kann ein richtiges Bild derselben nicht dadurch geschaffen werden, dass man die beiden Berichte in einander zu verweben sucht. Es muss vielmehr die Glaubwürdigkeit der beiden Briefe dadurch entschieden verlieren, indem sich deutlich ergibt, dass Heinrich IV. auf Kosten der Wahrheit Jedem die Ereignisse so darstellte, wie er am leichtesten eine für sich günstige Gesinnung hervorzurufen hoffen mochte.

Excurs III.
Kritik der Vita Heinrici IV.

Wenn in vorliegender Arbeit nur ein äusserst knapper Gebrauch von dem so anmuthig geschriebenen Büchlein, welches wir Vita Heinrici IV. zu nennen gewohnt sind, gemacht wurde, so musste dadurch das Detail der Darstellung, welches besonders reich grade aus der Vita hervorquillt, bedeutende Einbusse erleiden; aber, wie mir scheint, geschah dies nicht auf Kosten der Wahrheit. Die lebendige, malerische, von bestimmten persönlichen und Parteirücksichten getragene Darstellung der Vita kann nicht als eine lautere Quelle historischer Erkenntniss dienen, da nicht bloss die Auffassung der Thatsachen eine durchaus einseitige ist, sondern auch diese selbst verrückt und verfälscht sind. Man kann Jaffé nur unbedingt zustimmen, wenn er sagt, dass ihr historischer Werth mehrfachen Begränzungen unterliegt.[1]) Ist nun von Jaffé im

---

1) Jaffé Geschichtschreiber der deutschen Vorzeit XII. Jahrhundert 2. Band. Vorrede p. V.

Allgemeinen der Gesichtspunkt, von welchem aus die Vita beurtheilt werden muss, richtig angegeben, so scheint dadurch die Untersuchung der einzelnen Nachrichten, die dem Zwecke seiner Ausführung ferner lag, nicht überflüssig gemacht, besonders da das, freilich vor derselben erschienene Buch von Floto von der Vita einen sehr ausgedehnten Gebrauch macht, welches von der Annahme ausgehend, es sei bewiesen, dass der Bischof Otbert Verfasser der Vita sei, die Autorität des Büchleins hochstellt, zugleich aber auch den Bischof Otbert mit einem unverdienten Heiligenscheine umgibt. Die Frage nach dem Verfasser wollen wir nach Untersuchung des historischen Gehalts desshalb gleichfalls in Erwägung ziehen.

Es liegt uns fern, auch die ersten sechs Kapitel der Vita, die nach emphatischer Einleitung einen Ueberblick über das Leben Heinrich IV. etwa bis zum Jahre 1092 geben, näher einzugehen. Sowohl Wattenbach in seiner Ausgabe in den Monumenten, als Jaffé haben die Nachrichten dieser älteren Zeit einer eingehenden Prüfung unterworfen, wesshalb hier mit dem cap. 7., das den Abfall Conrads erzählt, angefangen werden möge.

Dies Kapitel beginnt mit Erzählung eines Mordanfalls, der auf Heinrich IV. gemacht sein soll, als er in Rom weilte; Benno in seiner Vita Gregorii VII. berichtet ihn in ähnlicher Weise. Jaffé hat nun aus einer entfernten Aehnlichkeit in den Worten beider Schriften schliessen wollen, dass Benno dem Verfasser der Vita vorgelegen habe. Wäre dies wirklich der Fall, so würde sich schon aus der Abweichung der Vita von Benno klar ergeben, wie erstere um eines dramatischen Effektes willen sich kein Gewissen daraus macht, zu übertreiben. Während nämlich Benno erzählt, der Mörder habe sich den Platz in der Kirche, wo der Kaiser zu sitzen pflegte, gemerkt, sei aber, als er den Stein, der den Kaiser erschlagen sollte, an dem Gebälk befestigt habe, herabgestürzt, lässt die Vita ihn bei der Ausführung des Mordes umkommen. Der Mörder selbst will den Stein auf den unten betenden Kaiser grade herabschleudern, der Kaiser tritt zufällig zur Seite, und das Gewicht des

Steines zieht den Mörder mit herab. Ohne Zweifel ist das letztere viel dramatischer.

Den zweiten Feldzug Heinrich IV. nach Italien bringt die Vita in enge Verbindung mit der Erhebung eines Pabstes nach Gregor VII. Tode, während doch mehre Jahre dazwischen liegen.[1]

Für uns kömmt besonders in Betracht, wie nach der Vita der Abfall Conrads erfolgt sein soll. Nach ihrem Berichte kehrt der Kaiser nach Deutschland zurück, liess den Conrad in Italien, der dann von der Mathilde zum Abfall verführt wird. Dies widerspricht aber doch völlig dem wirklichen Verlaufe der Dinge, indem der Kaiser von 1091 bis 1097 in Italien verweilte. Leidenschaftlich und thatsächlich unbegründet ist ferner die Beschuldigung gegen Conrad: „Quaerebat patris sanguinem quia non nisi sanguine patris regnare potuisset", die auch gegen Heinrich V. wiederholt wird: „quod patrem non solum regno sed et vita privare conaretur."

Die Erzählung über die Wahl Heinrich V. enthält mancherlei Unrichtigkeiten; so ist die Mittheilung, dass die Fürsten einen Bruderkrieg gefürchtet hätten, nicht leicht mit dem Ausspruche: „plerique contra nitebantur, magis utentes *ingenio quam iusto et vero*" zu reimen. Gewiss will der Verfasser jene Befürchtung nicht unter den hier erwähnten Ausflüchten verstanden wissen. Ebenso ist die Behauptung: „Tandem omnibus in unam sententiam coëuntibus et concordi favore probantibus" sei Heinrich König geworden, in Widerspruch mit dem Briefe Heinrich IV., der selbst sagt, viele hätten sich gegen die Wahl des Sohnes gesträubt.[2]

Das ganze achte Kapitel ist mit Schilderung der Segnungen angefüllt, die der von Heinrich IV. aufgerichtete Landfriede verbreitet haben soll. Nach dem Wortlaute desselben, der uns aufbewahrt ist,[3] müssen wir

---

1) Vgl. Wattenbach Anmerkung.
2) Achery spicil. III, 441.
3) Pertz LL., II, 60.

sagen, dass der paradiesische Zustand, der aus dem Frieden hergeleitet wird, überhaupt nicht einmal durch diesen hätte erreicht werden können. Denn so grosse Bedeutung konnte derselbe nicht haben, so lange die Bestimmung blieb: „Si in via occurrerit tibi inimicus tuus, si possis illi nocere noceas; si fugerit in domum vel in curtem aliquam illaesus maneat." Dann ist auch zu berücksichtigen, dass dies Gesetz nicht als ein Erfolg der kaiserlichen Politik den Fürsten gegenüber betrachtet werden darf, da ja der Kaiser eben so wohl wie die Fürsten sich darauf verpflichtete; zudem die Ausführung ganz in die Hände der Fürsten gelegt wurde, wesshalb diese wohl nicht durch das Gesetz, wie die Vita will, beeinträchtigt wurden.

Wenig entspricht ferner der aus andern Quellen ersichtliche Zustand des Reiches nach dem Frieden der Schilderung der Vita. Heinrich der Fette fällt durch meuchlerische Hand, der Verdacht trifft den Kaiser; die sächsischen Grossen führen Krieg gegen den Grafen Udo von der Nordmark; dazu die Verwicklungen und Befehdungen in Lothringen zwischen Robert von Flandern und Cammerich, Heinrich von Niederlothringen und Otbert von Lüttich, die Ermordung des Grafen Sieghard, die Gefangennahme des Magdeburger Burggrafen.

Wie aber schildert die Vita dann die Erhebung Heinrich V.! Weil der Friede hergestellt ist — der Autor ist consequent und lässt ihn einige Jahre andauern, da er ja Zeit braucht, um seine Folgen zu äussern[1]) — weil der Raubritter hungerte, seine goldnen Sporen in eiserne verwandeln muss, desshalb und nur desshalb entsteht neue Unzufriedenheit gegen den Kaiser, der, während Andere erlittene Unbill mit Gleichem vergelten, selbst Frieden austheilt; *desshalb* beschliesst man einen neuen König zu erheben und lenkt seine Augen auf Heinrich V.

Dieser ganzen Ausführung gegenüber braucht nur bemerkt zu werden, dass der Landfriede im Januar 1103

---

1) Cum autem domini cum satellitibus suis *per alliquot annos* hac lege stringerentur — iterum adversus imperatorem murmur movebant.

aufgerichtet wurde, und dass schon im December des folgenden Jahres Heinrich V. seinen Vater verliess.

Was nun die Mittel und Wege betrifft, welche die Fürsten angewandt haben sollen, um Heinrich V. für sich zu gewinnen, so genüge hier die Verweisung auf Jaffé, der mit Recht bemerkt, dass der Verfasser nicht als glaubhafter Zuhörer bei den betreffenden Einflüsterungen gelten könne. Zudem sind sie auch ziemlich übertrieben; so die Behauptung: „Nihil eum a servo differre, cum omnia, quae servi sunt, toleraret."

Ueber die Entfernung des Sohnes vom Vater, die in Fritzlar erfolgte, ist die Vita genau unterrichtet; nur behauptet sie, dass der Sohn *Viele* aus dem Heere des Vaters mitgenommen habe. Sie weiss von der Gesandtschaft an den Sohn, die sehr ausgeschmückt wird.

Nur kurz berührt sie den Zug Heinrich V. durch Baiern und Sachsen, übergeht völlig das Zusammentreffen mit dem Vater bei Mainz, um dann bei der Belagerung Nürnbergs länger zu verweilen. Aber auch hier sind Widersprüche, so: „Quanto minus spei, tanto plus animi inerat", und: „Nisi imperator sceleri parcens castellum tradi praecepisset, adhuc ibi cassa obsidione laboraret. Die Nachricht, Heinrich IV. habe den Befehl zur Uebergabe gegeben, wird durch andere Quellen nicht bestätigt; die Sache ist vielleicht richtig, aber erfolgte erst nach etwa zwei Monaten.

Die Begegnung des Kaisers mit dem Sohne am Regen, der vorhergehende Versuch, denselben in Regensburg anzutreffen, ist gleichfalls unrichtig dargestellt. So kann es nicht wohl sein, dass der Vater erst, weil sein Sohn ein Heer sammelte, auch zu diesem Mittel hat greifen müssen; jedenfalls hatte der Kaiser doch eine Truppenmacht bei sich, als er den Zug durch Baiern unternahm. Die Darstellung der Vita setzt die Thatsachen in ein für den Kaiser günstiges aber unwahres Licht. Die Flucht desselben wird auf der einen Seite als Resultat des Abfalls der Fürsten geschildert, die von dem Sohne verführt worden seien; dann aber wird als Motiv angeführt „Ne filius parricida fieret, während es doch wieder heisst: „Nisi domesticam fraudem praesensisset, solus cum paucis relictus esset."

Dass der Kaiser von Anhängern des Sohnes durch Sachsen geleitet worden ist, weiss die Vita; besonders charakteristisch aber fasst sie dies Ereigniss auf, indem sie es für ein Wunder erklärt; und dies wird benutzt, um daran eine Warnung für Heinrich V. zu knüpfen.

Die darauf folgenden Vorgänge in Mainz, die Botschaft des Abtes Dietrich von St. Alban sind übergangen, der Verfasser wendet sich gleich zur Schilderung der Coblenzer Ereignisse.

Der Sohn hat einen Reichstag nach Mainz berufen, der Kaiser will auch auf demselben erscheinen; das erregt die Furcht seiner Gegner, und diese bereden den Sohn, zur List seine Zuflucht zu nehmen. Der Plan, den man gegen den Kaiser schmiedet, wird genau detaillirt erzählt. Bemerkenswerth ist, wie die Darstellung den Kaiser fortwährend als völlig unbefangen schildert, wie sie diesen erst, als die Thore von Böckelheim sich hinter ihm schliessen, den Verrath erkennen lässt, während sogar die Briefe Heinrich IV. das Gegentheil melden. Dann kehrt der Sohn jubelnd nach Mainz zurück, der Reichstag ist voller Freude.

Bis dahin also erscheint der Sohn immer als verführt; jetzt in Ingelheim wechselt die Rolle. Es ist darauf aufmerksam gemacht, wie es bisher die Fürsten waren, die den Sohn zur Erhebung aufreizten; diese „metuentes et sibi et causae suae" geben den Rath, zur List zu greifen. Jetzt aber ist der *Sohn* unerbittlich, während andere weinen und klagen; es gehört eben zu der Tendenz der Vita zu sagen, alle hätten Mitleid gefühlt, nur die Hauptpersonen nicht; ebenso geschieht es bei der Schilderung der Scene mit dem päbstlichen Legaten, wo sie sagt: *Laici* misericordia commoti veniam dabant; *legatus* auten domini apostolici absolutionem negabat.

Besonders aber ist hervorzuheben, dass die Vita nicht den Ort nennt, wo diese Reichsversammlung statt fand;

sie scheint zu glauben, dass die Fürsten in Mainz geblieben wären, dann aber Ingelheim gar nicht zu kennen, indem sie sagt: (Imperator) ad quandam curtem recessit.

Es liegt nun nicht in der Absicht des Verfassers, eine vollständige Lebensbeschreibung Heinrich IV. zu liefern; er will einzelne Punkte hervorheben, die theils für den Kaiser ehrenvoll sind, theils zum Mitleid auffordern sollen. Den Gegnern desselben ist er abgeneigt und lässt ihnen Unglück widerfahren, fasst dies aber als ein Strafgericht Gottes auf. Dies wird uns kaum bewegen, ihren Erzählungen über die Ereignisse in Ruffach, die ganz von dieser Auffassung getragen werden, in allem Detail Glauben zu schenken, wo wir die Vita nicht kontroliren können. Ueber die Entfernung Heinrich IV. von Ingelheim sagt sie uns nichts; wir finden plötzlich den Kaiser in Lüttich, als sein Sohn heranzieht um ihn zu ergreifen, weil er das Unglück von Ruffach den Machinationen seines Vaters zuschreibt.

Dann meldet uns die Vita von einer Gesandtschaft, die der Vater an den Sohn schickt. Man hat wohl geglaubt, hierin wie in einem späteren Aufrufe Heinrich V. an die Fürsten ein authentisches Aktenstück sehen zu dürfen. Dagegen aber hat Jaffé geltend gemacht, dass es mündliche Eröffnungen seien, die man nicht buchstäblich zu nehmen habe, indem sie die sprechenden Züge des Schriftstellers selbst trügen, dessen „gegensätzliche Diktion ihnen mit den andern Theilen der Aufzeichnung gemeinsam sei."[1]) Und in der That deutet schon der Ausdruck, mit dem die beiden Stücke eingeführt werden, nicht darauf hin, dass der Verfasser selbst sie für wirkliche Briefe ausgeben wollte: „Legationem (querimoniam) *in hunc modum* direxit". Die Sprache gleicht dem Stile der ganzen Vita; unter den beiden Briefen selbst, die doch, wenn echt, in verschiedenen Kanzleien abgefasst worden wären, ist in dieser Beziehung die grösste Aehnlichkeit. Auch die Annahme, die, um die

---

1) Jaffé p. VII.

Echtheit des Briefes Heinrich IV. zu retten, gemacht werden könnte, dass der Verfasser der Vita als Kanzler ihn ausgefertigt habe, scheint hierdurch fast unmöglich gemacht.

Es verdient bemerkt zu werden, dass sich ein erheblicher Widerspruch findet in der Darstellung des Verhältnisses Heinrich IV. zu dem Bischofe Otbert von Lüttich, in der Auffassung der Botschaft an den Sohn und der darauf folgenden Schilderung. Hier heisst es: Hic (episcopus), *nisi forte te domo receperit*, me secum in festivitate paschali retinendum decrevit. Also wird eine Rücksichtsnahme auf Heinrich V. von Seiten des Bischofs in der Weise behauptet, dass er doch eigentlich die Pflicht gegen den Sohn höher stellt, als gegen den Vater. Später aber wird ausgeführt, dass dieser sich von Lüttich hätte entfernen wollen, dass aber der Bischof und der Herzog Heinrich ihn gleichsam mit Gewalt festgehalten hätten: Eum recedere prohibebant; non se posse pati, ut in tanta festivitate pulsus tectis hominum, silvas peteret, latebrasque ferarum. — Ille vero, ne eis materia cladis esset, cedere quam manere utilius asserens, tandem eis, cum instantius insisterent, consensit et, ut postulabant, mansit.

Im zwölften Kapitel wird der Kampf bei Visé in anschaulicher, sehr detaillirter Weise geschildert. Die übrigen Quellen gestatten hier keine eingehende Vergleichung; wohl erwähnen manche des Gefechtes, aber keine beschreibt es genauer. Nach den Erfahrungen, die wir an anderen Punkten machen, dürfen wir ihren Bericht aber nicht für zuverlässig halten und die Untersuchung desselben wird manche Unwahrscheinlichkeiten aufweisen.

Ich will es nicht urgiren, dass die Vita den Gründonnerstag mit dem Charfreitag verwechselt;[1]) aber die ganze Art, wie sie den Kampf zu Stande kommen lässt, erscheint sehr wenig glaubwürdig. Der Sohn des Herzogs von Lothringen soll die Königlichen zu einem Gefecht mit gleichen Kräften aufgefordert haben; also eine

---

1) Diesen Tag gibt ausser ihr nur der schlecht unterrichtete Herrmann von Tournay an. Vgl. S. 74. Anmerk. 2.

Art Kampfspiel am Gründonnerstage! Dann kommen einzeln immer mehr Leute von Seiten des Königs über die Brücke, sie werden in den Hinterhalt gelockt, geschlagen. Dass Eckehard an den Lothringern die „ars quaedam equitandi, qua gens illa plus ceteris utitur" rühmt, kann doch auch nicht auf eine derartige Waffenübung gedeutet werden,[1]) die ja nichts entschieden hätte, wenn die Königlichen nicht die Verabredung gebrochen hätten. Mir scheint, dass wir hier den kurzen Berichten der übrigen Quellen, ja der Vita selbst an anderm Orte mehr Glauben schenken müssen, als diesem detaillirten Berichte. Die übrigen Schriftsteller aber schildern die Sache so, dass eben die königliche Vorhut einfach auf Feinde stösst, mit ihnen kämpft und geschlagen wird. So Eckehard VI, 235: Dux Heinricus cum exercitu caesariano regios ad pontem invadit milites. Sigbert Gemblac. VI, 371: Militibus patris concurrentibus ad exoccupandum pontem, milites filii a ponte repelluntur. Annal. Col. max. Red. I. SS. XVII, 745: Venientes nilque timentes Heynricus dux Lotharingiae et Paganus filius eius et Gotefredus comes de Namut excipiunt, vulnerant, trucidant, fugant. Die Vita selbst lässt Heinrich V. die Sache anders schildern: Episcopus Leodiensis et dux Heinricus, de quorum fide et obsequii devotione multum praesumebamus, nobis latenter insidias posuerunt et nostros inscios et ad pugnam imparatos caedebant, capiebant, fugabant.

Dann erwähnt die Vita den Zug des Königs nach Bonn und Mainz; wie es scheint, denkt sie, jenes schon oben erwähnte Aufgebot an die Fürsten sei von hier erlassen. Von dem Kaiser ist darin nicht die Rede, Otbert und Heinrich von Lothringen werden allein beschuldigt. Diese versuchen darauf, Heinrich IV. wieder zur Annahme des kaiserlichen Namens zu bewegen. Der macht aber Gegengründe geltend, lässt die Frage unentschieden. Es ist nicht recht ersichtlich, ob der Kaiser sich an der Instandsetzung Kölns zur Vertheidigung betheiligte

---

1) Dies thut Floto II, 412.

oder nicht;[1]) später als man den Plan gefasst haben soll, Köln zu entsetzen, heisst es, derselbe habe eifrig dagegen gewirkt und eine andere Kampfesweise empfohlen.

Die Schilderung der Belagerung Kölns ist einer der wenigen Punkte, wo es uns verstattet ist, die Vita mit detaillirten Berichten zu vergleichen. Köln war stark befestigt; Drohungen hatten das Volk zur Vertheidigung der Stadt zusammengebracht; Heinrich V. macht heftige Angriffe, muss eine regelmässige Belagerung beginnen, wird von einem Heere im Rücken beunruhigt; kurz — nach der Vita war keine andere Aussicht für ihn als eine gefährliche Flucht unter den Augen eines zur Verfolgung kräftigen Feindes oder ruhmloser Tod vor Kölns Wällen; in dieser Lage kömmt ihm als Rettungsbotschaft die Nachricht vom Tode des Kaisers.

Kein Zweifel, diese Auffassung, dass in der sichern Aussicht auf Sieg der Kaiser stirbt, ist sehr dramatisch; aber ist sie begründet? Wir wissen freilich auch aus andern Quellen, dass Heinrich V. vor Köln keine Erfolge errang, obgleich die Ann. Col. Rec. II, SS. XVII, 746. ganz gewiss übertreiben und mit Kölner Augen sehen, wenn sie sagen: Filius imperatoris Coloniam obsidione premit cum *ingenti* exercitu, ubi civibus viriliter repugnantibus *territus aufugit*. Aber das Heer des Königs war nach Westen gegen Achen abgezogen, vielleicht schon in dieser Stadt angekommen, als der Tod des Kaisers eintrat. Dies war auch in Lüttich bekannt genug, wie sich aus einem Briefe des Kaisers ergiebt, in dem es heisst: Placuit vobis remandare, unde nobis longe gravior priori oritur querimonia, quod dimissa obsidione Coloniae vultis super nos et fideles

---

[1]) Jaffé wirft die Frage auf, ob nicht p. 282, 25. statt muniebat muniebant zu lesen sei; aber es ist zu bemerken, dass der Verfasser der Vita häufig mit dem Subjekte im Satze wechselt. vgl. c. 10. curia plausu laeticiaque resonabat; fraudem virtuti ascribebant. Statim misso legato patri mandavit (filius), ut si vitam servare vellet, absque mora sibi crucem, coronam et lanceam, caeteraque regalia transmitteret; et munitiones, quas firmissimas tenebat, in manum eius transferret.

nostros sub specie colloquii cum exercitu venire datis induciis octo dierum. Der Zug des Königs [1]) nach Achen findet sich auch bei den übrigen Schriftstellern erwähnt. Eckeh. VI, 238.: Obsidionem solvunt et contra Lotharingios moti. Ann. Hild. III, 111.: Amovit exercitum ad Aquasgrani. Ann. Col. max. Red. I.: Aquisgranum adiit. Berücksichtigt man diese Einstimmigkeit der andern Berichte, so wird wohl Niemand zweifelhaft sein, dass die Vita hier wie anderswo mit Rücksicht auf ihren Zweck die Dinge in falschem Lichte erscheinen lässt.

Den Schluss bildet eine schöne Todtenklage um den verstorbenen Kaiser; derselbe wird selig gepriesen, seines frommen Todes rühmend gedacht, die Klagen der Armen an seinem Grabe geschildert, die Schicksale der Leiche jedoch verschwiegen und nur die Unterwerfung der Anhänger Heinrich IV. unter die königliche Majestät des Sohnes gemeldet.

Es erübrigt noch die Frage nach dem Verfasser der Vita. Während man früher dem Bischof Otbert die Autorschaft vindiciren zu müssen glaubte, hat Jaffé in überzeugender Weise nachgewiesen, dass an diesen wohl nicht zu denken sei. Seine Argumente scheinen mir auch dadurch nicht entkräftet zu werden, dass in der Botschaft Heinrich IV. einige Worte den Bischof in ein günstiges Licht auch bei dem Sohne zu stellen bemüht scheinen, indem es heisst: *„Hic nisi forte te domo receperit, me secum in festivitate paschali retinendum decrevit".*[2]) Denn hierin haben wir nur eine Consequenz der ganzen Darstellung zu sehen, indem sie Heinrich IV. voll freundlicher Gesinnung gegen den Sohn sprechen lässt.

Jaffé selbst hat auf Mainz als Abfassungsort hingewiesen und specieller den Abt Dietrich von St. Alban ins Auge gefasst, der wohl identisch ist mit dem Kanzler Heinrich IV., der die Urkunden 264, 265 bei Lacomblet ausfertigt. Aber dagegen sprechen doch wichtige Bedenken;

---

1) Vgl. Stenzel I, 604.
2) Vgl. oben.

der Verfasser nämlich ist durchaus nicht genau über die Ereignisse in und um Mainz unterrichtet; er erwähnt nichts davon, dass den Kaiser nach Entfernung des Sohnes lange in Mainz weilte, nichts von den Verhandlungen, die im Frühjahr 1105 dort statt fanden. Nach der Vita war die Versammlung, in der Heinrich IV. abdankt, in Mainz, während wir wissen, dass Ingelheim der Ort war; sie nennt diese königliche Pfalz „quandam curtem", [1]) erwähnt gar nicht die Entfernung des Kaisers von dort.

Auch die Stelle, welche Mainz im ersten Kapitel nennt, scheint mir die Annahme Jaffés nicht zu stärken. Freilich geht daraus hervor, dass das Schicksal des Mainzer Münsters den Verfasser interessirte, ebenso, wie er an dem herrlichen Dome zu Speier seine Freude hatte; aber konnte nicht der Brand des Mainzer Domes auch in weiteren Kreisen Theilnahme erregen, besonders da wir wissen, dass im Jahre 1081 mit ihm der grösste Theil der Stadt ein Raub der Flammen geworden war?[2]) Da scheint es doch zu natürlich, dass man dem Wiederaufbau der ersten Kirche Deutschlands überall mit Theilnahme folgte.

Auch Damberger hat über den Abfassungsort der Vita eine Meinung ausgesprochen. Danach wäre Lothringen die Heimath, weil dasselbe in der Vita „patria" genannt wird. Wenngleich dies nicht nur an der Stelle geschieht, die Damberger anführt, sondern auch p. 282, 36. und an allen Stellen, wo das Wort vorkömmt, dasselbe die Bedeutung „Vaterland", nicht bloss, wie so oft, „Land" hat, so dürfte doch geltend zu machen sein, dass der Verfasser der Vita bei seiner lebhaften Diktion leicht dies Wort gebrauchen konnte, indem er sich in die Lage der Lothringer versetzte.

Haben sich die bisherigen Versuche, einen bestimmten Verfasser der Vita zu ermitteln,[3]) als misslungen gezeigt,

---

1) Vgl. oben p. 99.
2) Cf. Marianus Scotus SS. V, 562.
3) Die Ansicht Dambergers VII, 502., wonach der Verfasser der Briefe Heinrich IV., über die Excurs II. gehandelt ist, auch die Vita verfasst habe, ist, wenngleich ja die Möglichkeit nicht zu läugnen, unbewiesen und wohl unbeweisbar. Vgl. Excurs II. Anmerk. 1.

so werden wir nur mit sehr zweifelhafter Hoffnung auf Erfolg an eine erneute Untersuchung gehen. Es wird vor Allem darauf ankommen, zu bestimmen, in welcher Stellung der Verfasser sich befand, ob er den Ereignissen nahe oder fern stand; dann aber werden sich auch vielleicht einzelne, wenn auch schwache Anhaltspunkte ergeben, um die Gegend zu bezeichnen, wo der Verfasser schrieb.

Eine genaue Bestimmung der Aufgabe, welche der Verfasser sich vorgesetzt, wird zur Beurtheilung dieser Frage von Wichtigkeit sein. Hätte nämlich derselbe die Absicht gehabt, eine vollständige Lebensbeschreibung zu verfassen, wie ja der übliche Titel „Vita Heinrici imperatoris" voraussetzt, so würde die grosse Unkenntniss, die sich in dem Schriftstück über die politischen Ereignisse zeigt, und die man nicht als tendentiöse Verschiebung erklären kann, mit den Angaben der Vita, die auf ein nahes persönliches Verhältniss zum Kaiser schliessen lassen,[1]) in Widerspruch stehen; aber ich glaube, man darf als Zweck der Vita nur die Hervorhebung einzelner ruhmwürdiger Punkte im Anschlusse an die Todtenklage um den verstorbenen Kaiser ansehen.[2]) Dem entsprechend fasst sie denn auch alles, was sie erzählt unter diesem Gesichtspunkte auf. Ihr ist es eigentlich weniger darum zu thun, den Kaiser als solchen, als Helden zu schildern, sie will ihn erheben als Menschen und als Christen. Sie beschreibt mit besonderer Liebe seine Sorgfalt für die Kirchen und Klöster, die Armen und Kranken, entwirft uns ein, wenn auch wohl übertriebenes, doch nicht ganz unwahres Bild, wie er dieselben pflegte. Ihre Tendenz ist, nachzuweisen, wie Heinrich IV. stets bemüht gewesen sei, Böses mit Gutem zu

---

1) C. 1. qui spes mea et unicum solatium fuit. Die innige Theilnahme spricht sich an mehren Stellen aus.
2) C. 1. — de aliis quoque virtutibus, quibus claruit aliqua dicamus, nam omnia dicere non sufficimus. Nemo miretur, *si luctui mortis eius vitae quoque eis laeta gesta immisceam.* Der Schluss des Werkes heisst: Ecce habes de gestis, de expensis in pauperes, de fortuna, *de obitu* imperatoris Heinrici.

vergelten, wie er, auch als seine Söhne ihm untreu geworden, nie seiner Milde und Sanftmuth vergass. Diese Auffassung ist so durchgreifend, dass sie bei der Erzählung, wie Heinrich IV. den Gregor habe absetzen wollen, nicht unterlassen kann, ihm zuzurufen: „Cessa, obsecro, rex gloriose, cessa ab hoc molimine, ut aecclesiasticum caput de suo culmine deiicias, et in reddenda iniuria te reum facias! Iniuriam pati, felicitatis est; reddere, criminis.[1])

Indessen würde man des Verfassers historischen Werth dennoch nicht richtig allein nach dem bisher Gesagten würdigen; es verdient noch hervor gehoben zu werden, dass derselbe offenbar wenigstens zu irgend einer Zeit am Hofe war und wahrscheinlich dem dortigen Leben näher getreten ist.

Hierauf deutet nämlich die Genauigkeit, mit der er den Kaiser im Kreise der Fürsten schildert, wie überhaupt alle staatsrechtlichen Vorgänge aufgefasst werden. Besonders das letztere ist zu beachten. Für einen Schriftsteller des Mittelalters kommt ungewöhnlich oft Derartiges zur Sprache. So c. 2. Quos assuetos sceleri per *edictum* cohercere non potuit, per *censuram legis et ius curiae*,[2]) mitius tamen quam culpa exigeret, correxit. Und dass es sich hier nicht um eine Phrase handelt, ergibt sich aus mehren Stellen, die beweisen, wie wohl sie z. B. den Befehl des Herrschers von dem Beschlusse der Reichsversammlung zu unterscheiden weiss. C. 3, relaxationis *edictum* expectare(nt). C. 13. Sed et *edictum* sub comminatione crudeli ubique properabat. Dagegen c. 7.: imperator minorem filium, invasore prius *ex decreto curiae* diiudicato, heredem regni sui constituit. C. 8. Quod quidem pacis *decretum*, quantum miseris ac bonis profuit, tantum perversis et potentibus

---

1) Vgl. c. 7. non tam suam iniuriam ulcisci, quam exemplum iniuriae per ultionem tollere quaerens. c. 1. non ante ianuam, sed ante mensam eius Lazarus cubuit. — Das Wort der Schrift: Facite vobis amicos de mammona iniquitatis! wird auf ihn angewandt.

2) Diese Stelle ist schon bei Kraut deutsches Privatrecht §. 4. hervorgehoben.

nocuit. Ebenso wird genau erwähnt, ob Heinrich König oder Kaiser gewesen sei. — C. 3. — filii regis — necdum enim imperator factus erat. — und später erscheint es besonders wichtig, ob Heinrich, als er sich von Ingelheim entfernt hatte, wieder kaiserliche Würde angenommen habe, oder nicht. C. 13. Nec ad integrum consensit nec abnuit.

Alles dieses scheint mir darauf hinzuweisen, dass wirklich der Verfasser zu irgend einer Zeit in der Kapelle des Kaisers verweilte; nicht nothwendig, gerade in der letzten Zeit; es ist ganz gut denkbar, dass ein Mann, der Heinrich IV. überhaupt einmal nahe getreten, grade im Anschlusse an seinen Tod mehre Momente seines Lebens hervorhebt.

Auf den Ort, wo der Verfasser schrieb, deutet vielleicht Folgendes hin. Als Sammelplatz für das Heer, welches Heinrich V. gegen Köln aufbot, wird Würzburg bezeichnet und dem entsprechend lässt die Vita später Heinrich V. den Rhein überschreiten, um Köln anzugreifen. Es ist nun aber doch sehr unwahrscheinlich, dass dies für das ganze Heer galt, indem dies für einen grossen Theil desselben, besonders für die Sachsen und Rheinfranken, nur die Bedeutung eines Marsches nach entgegengesetzter Richtung gehabt hätte. Zudem sagen die Hildesheimer Jahrbücher ausdrücklich (III, 110.), dass der König in Coblenz sein Heer gesammelt habe, was allein als vernünftig erscheinen kann. Würzburg wird nur der Ort der Zusammenkunft für Baiern, Ostfranken, Schwaben gewesen sein, und die Ansicht, der Verfasser müsse desshalb in diesen Gegenden gelebt haben, mag desshalb einiges für sich haben.

Dass die Vita Heinrich V. den Rhein überschreiten lässt, ist freilich durch das Erstere bedingt, es scheint aber auch auf den Gesichtspunkt eines rechts vom Rheine Schreibenden schliessen zu lassen, da in Wirklichkeit Heinrich V. das linke Rheinufer wohl gar nicht verlassen hatte.

Von einer grossen Bedeutung erscheint dann auch,

dass die Handschrift der Vita in Regensburg gefunden ist, dass auch die Schriftzüge derselben auf eine Entstehung im östlichen Deutschland zu deuten scheinen. Denn dafür, dass das uns erhaltene Exemplar nur eine Abschrift gewesen, lässt sich kein Grund anführen. Ob aber vielleicht hier in Regensburg, der Freund lebte, an den sich der Verfasser wendet, und ob erst aus einem andern Kloster die Schrift nach Regensburg kam, wird sich schwerlich entscheiden lassen.

Es ist also nur zu sagen, dass die Vita wahrscheinlich in Baiern oder Ostfranken, vielleicht in Regensburg abgefasst ist. Man wird dem Verfasser das Zeugniss geben müssen, dass der Schleier, mit dem er sich umgab, um in den Zeiten der Gefahr nicht erkannt zu werden, so dicht ist, dass er bis heute nicht gelüftet ist, und sich schwerlich je wird aufheben lassen.